学校とジェンダー

「ふつう」って何？

編著
山根 真理・高橋 靖子

学事出版

はじめに

今日の学校は、ジェンダー（社会的・文化的に構築された性別）とのかかわりで、さまざまな面で問い直しに直面しています。「ＬＧＢＴ」という言葉は社会一般に広まり、２０１０年代の半ばから文部科学省等の取り組みが進められています。そのなかで、学校や行政の仕事をされる方々から子どもたちの多様な性のあり方をどう考え、どう向きあえばよいかを知りたい、とお聞きすることが多くなってきました。学校の校則を見直す近年の動きのなかで、服装を「男子はスラックス、女子はスカート」に二分する制服のあり方への問い直しも、全国的に広がっています。

本書は、このような今日的課題も含め、幼児教育から大学教育まで、広く教育にかかわる仕事をする方々や教育に関心のある方々に、「学校とジェンダー」に関する最新の学術動向と教育実践に関する基礎知識、基本的考え方をお伝えし、日々の実践に役立てていただきたいという願いをもって、企画しました。本書の企画は、編者らが勤務する愛知教育大学の全学共通科目「ジェンダー・セクシュアリティと教育」という、１年生向けの授業を運営するなかで生まれました。２０２１年度に開講したこの授業は、教育を専門に学ぶ学生たちに知ってほしい「ミニマム・エッセンス」として構成した授業です。本書の企画は、編者らがこの授業に手ごたえを感じ始めた２０２３年の夏、授業の内容を核に、学生や教育にかかわる仕事をされている方々に活用してもらえる入門的テキストを作成したいと考えたことから立ちあがりました。この授業の担当者、ジエンダーと教育にかかわる研究者や実践家に声をかけ、テーマやトピックを充実させました。

本書は10章と7コラムからなっています。1章と2章は、子どもの成長・発達、学校文化とジェンダーについて、女／男にかかわるステレオタイプや規範の形成・再生産と、それらを変えていく可能性について、論じています。3章は「デートDV」など、親密な関係性のなかの暴力についてジェンダー規範と学校の視点から、4章は学校という公的空間のなかでおこるセクシュアル・ハラスメントについて「男性らしさ」と学校文化の視点から、論じています。5章では「性の多様性」についての基本的な考え方と知識の整理にもとづいて学校づくりへの展望が示され、6章では現代の性に関する課題解決のために「包括的性教育」をテーマに、子どもたちと性について学び考えるための基礎知識が整理されています。7章はスポーツをテーマに、そこに映し出されるジェンダー不平等と、それを解消する取り組みの挑戦について紹介されています。8章は外国にルーツをもつ子どもたち、とくにムスリムの子どもたちの体験をジェンダーの視点で読み解いています。9章と10章は教育にかかわる職業に関する章です。9章では教員やカウンセラーなどの支援者、さらにそれらを取り巻く地域社会の価値観をジェンダー視点で問い直し、10章では教員の二つの仕事を見る捉え方を提案しています。各章は短いながらも、テーマにかかわる多岐にわたる内容が「学ぶ入り口」として、ギュッと濃縮して書かれています。

7つのコラムには、ジェンダーと教育を捉える最新のトピック、現場からの声、国際的動向、本書のテーマから少し距離のある専門分野からのエッセイなどを載せています。章の間の小休止の時間に、発想を広げるヒントになると思います。

本書の書き手は、学問分野の点でも、テーマにかかわる立ち位置の点でも、多様なバックグラウンドをもっています。著者によって焦点の当て方、重点のおき方、語り口は異なりますが、多様な書き手の持ち味を生かすという意味で、文体や言葉づかいの統一はしませんでした。本書のキー概念である「ジェンダー」については、「身体的性別」を本質的なものとせず、「身体的性別」を二つだと捉えることや「身体的差異」に関する観念もまた社会的につくられた認識だという、アメリカの歴史学者、ジョーン・W・スコット（スコット著、荻野美穂訳『ジェンダーと歴史学』平凡社、１９９２年）以降のジェンダー概念を共通認識としてもちながら、ジェンダーを論じる重点のおき方は、章ごとに異なっています。それらの違いも含め、ジェンダーと教育を捉える論点の多様性と多面性を感じていただきたいと思います。

各章は互いに響きあう内容ですので、本書を手に取ってくださった方々の関心とニーズに応じて、どの章、コラムからでも読み始め、学校と教育のジェンダー問題への理解と実践にご活用ください。大学等における授業のテキストや参考書、この分野に関心をお持ちの学生、研究者、幼稚園から大学までの先生方、行政の社会教育を担当される方々、市民の皆さまに、「学校とジェンダー」の「ふつう」を問い直す「はじめの一歩」としてご活用いただければ幸いです。

２０２５年３月

山根　真理

目次

第7章 「女子〇〇」はあるのに「男子〇〇」がない世界を変える——スポーツの世界はジェンダー問題で溢れている

第8章 外国にルーツを持つ児童生徒が抱えるジェンダー問題

第1章

ジェンダーの「解像度」を上げる

――こどものウェルビーイングを支えるために

中村　奈津子

「こども」をどのような存在と捉えるかによって、教育の在りようは変わります。2022年、こどもに関する様々な取り組みの基盤となる「こども基本法」(以下、「基本法」)が成立しました。従来のこどもに関する法律とは異なり、国連の「児童の権利に関する条約」[(1)]をふまえて、こどもを「権利行使の主体」と捉え、こどもの権利の擁護を盛り込んだ、包括的な法律です。この基本法に基づく政策の方針には、こどもの「ウェルビーイング」[(2)]を目標に、「ジェンダー」が重要な概念として登場します。こどもと直接かかわる教育実践においても、こうした動きを受け止め、実践に反映させていくことが期待されています。

本書の入り口にあたる第1章では、次章から個別のジェンダー課題を扱う前段として、「こども政策」[(3)]から見た「ジェンダー」の位置づけを押さえたうえで、大人たちがジェンダーを理解し、こどもと向き合う意義と効果を考えてみます。

筆者は、ジェンダー平等な社会(男女共同参画社会)の実現を目指すNPO法人の理事として、2003年から活動をしてきました。現在は、NPOでの実践活動をとおして広範にわたるジェンダー課題と向き合いながら、複数の大学で非常勤講師としてジェンダー関連科目を担当し、大学生に「ジェンダー」を伝える講師活動もしています。今回は、筆者が大学の授業で実施しているワークショップの中から、2つのアクティビティ(「女らしさの箱・男らしさの箱」/「らしさの箱」に入れられた経験を振り返る)をご紹介します。具体的な事例をもとに考察し、本章全体をとおして、お一人おひとりのジェンダーに対する「解像度」を一段、上げることを目指します。

1 「こども政策」の現在地

はじめに、「こども政策」から見た「ジェンダー」の位置づけを押さえておきます。特に、政策の中心に位置づけられている「ウェルビーイング」と「ジェンダー」のかかわりを整理し、これからの教育実践、さらに社会政策にとって、ジェンダーが重要な概念であることを確認します。

こども政策と「ウェルビーイング」

「こどもの日」にちなんで、総務省が毎年5月に公表する人口推計によると、２０２４年4月1日現在におけるこどもの数（15歳未満人口）は１４０１万人、１９８２年から43年連続の減少となり、過去最少を記録しました。総人口に占める割合は11・3％で、１９７５年以降、50年連続して低下しています。一方、児童虐待や重大ないじめ、自殺、不登校、こどもの貧困など、こどもにかかわる、解決すべき問題はむしろ増加し、より顕在化・深刻化しています。

こうした状況のなか、２０２３年4月に「こども家庭庁」が発足し、同月に基本法が施行されました。こどもを「権利の全面的主体であり、かつ保護の対象である」とし、こどもに関する様々な取り組みを社会全体で実施していくための、包括的な法律です。法は、社会政策を動かす基盤となります。同年12月には、基本法にのっとり、「こども施策[4]」を総合的に推進するための方針や重点事項を定める「こども大綱」が策定されました。

こども大綱では、基本法の理念を受け、今後目指すべき社会像を「こどもまんなか社会」と名付けています。その説明に「ウェルビーイング」が登場します。

「「こどもまんなか社会」とは、全てのこども・若者が、日本国憲法、こども基本法及びこどもの権利条約の精神にのっとり、生涯にわたる人格形成の基礎を築き、自立した個人としてひとしく健やかに成長することができ、心身の状況、置かれている環境等にかかわらず、ひとしくその権利の擁護が図られ、身体的・精神的・社会的に将来にわたって幸せな状態（ウェルビーイング）で生活を送ることができる社会である」（こども大綱「第1　はじめに」より）

つまり、「全てのこども・若者にとっての、ウェルビーイングの実現」が、こども政策の到達点だということになります。ちなみに、基本法では、18歳や20歳といった年齢で必要なサポートがとぎれないよう、特に年齢を定めず、「心身の発達の過程にある者」を「こども」と定義しています。

ウェルビーイングとジェンダー

こども大綱の中に、ジェンダーにかかわる、まとまった記述が2か所あります。いずれも、こどものウェルビーイングを実現する社会に向けて、「ジェンダー」が重要な概念であることが示唆されています。

たとえば、こども大綱の「第2　こども施策に関する基本的な方針」の中には、このような記述があります。

こども・若者が、多様な価値観に出会い、相互に人格と個性を尊重し合いながら、その多様性が尊重され、尊厳が重んぜられ、固定的な性別役割分担意識や特定の価値観、プレッシャーを押し付けられることなく、主体的に、自分らしく、幸福に暮らすことができるよう支えていく。性別にかかわらずそれぞれのこども・若者の可能性を広げていくことが重要であり、乳幼児期から心身の発達の過程においてジェンダーの視点を取り入れる。

思想・信条、人種、民族、国籍、障害の有無、性的指向及びジェンダーアイデンティティ、生い立ち、成育環境、家庭環境等によって差別的取扱いを受けることがないようにする。（こども大綱「第2 こども施策に関する基本的な方針」より）

続く「第3 こども施策に関する重要事項」の中では、第2の基本的な方針にもとづき、性の多様性に関する理解の促進や、こども・若者の教育にかかわる大人たち自身の固定的な性別役割分担意識の払拭、ジェンダー・ギャップ(5)の解消へ向けた取り組みを進めることなどが記されています。

この部分だけを見ても、こども・若者のウェルビーイングを実現するためには、あらゆる年齢のこどもに対し、ジェンダーを考慮に入れた施策が必要であること、ジェンダー教育やジェンダー平等な社会へ向けた取り組みが求められていることが分かります。

あらゆる場面にジェンダーの視点を

こども大綱にも記されたように、こどもの尊厳と権利を保障するためには、こどもとかかわる、乳幼児期からのあらゆる場面において、ジェンダーの視点が不可欠です。ただし、筆者がここで「ジェンダーの視点」というとき、それは社会的・文化的な性差に着目することを意味するだけではありません。ジェンダーが、個人のアイデンティティを構成する要素としての側面を持つことにも、目を向ける必要があります。

全てのこどもにとって、ジェンダーやセクシュアリティにかかわる自己認識は、アイデンティティの重要な要素のひとつです。この自己認識には、もちろん「性的指向及びジェンダーアイデンティティ（両方を合わせて「ＳＯＧＩ（ソジ）」[6]とも言います）」も含まれます。ＯＥＣＤ（経済協力開発機構）は、こどものウェルビーイングを測るための「概念的フレームワーク」（基礎となる考え方の前提や概念を体系化したもの）を策定していますが、そこには「こどものアイデンティティの感覚と自己理解は、こどもの発達・行動、ウェルビーイングにおいて中心的な役割を果たす」とあり、こどものアイデンティティには、「ジェンダー的アイデンティティや性的アイデンティティ[7]」が含まれることも記されています。

こどもの自己認識や自尊心は、こどもが出会う他者や、こどもをとりまく環境、社会との相互作用によって変化します。大人たちが、こどものありのままを受け止め、尊重しようとすることは、こどもの尊厳を守り、権利を保障することにつながります。こどもたちよりも先に、この社会を生きてきた大人たち自身が、ジェンダーをどう理解し、こどもに関与していくかが、こどもの成長とウェルビーイングに影響を与えると言ってよいでしょう。

2 大人のジェンダー観を振り返る

ここからは、「ジェンダー・ステレオタイプ」を手がかりに、大人たちのジェンダーに対する認識を具体的に見ていきます。

「ジェンダー・ステレオタイプ」とは、男女それぞれに対する、一連の（構造化された）、型にはまったイメージや固定概念のことを言います。それらは、ある集団や社会において文化的に共有され、人の見た目から行動、役割など、広範な事柄に及びます。ジェンダー・ステレオタイプは、誰もが持つものですが、ときに善悪や優劣の判断のもとになり、悪意なく偏見や差別的な考え方へとつながるなど、人々の人間に対する見方やかかわり方にも影響を与えます。だからこそ、一度、自分自身の持っているジェンダー・ステレオタイプを自覚的に振り返ってみることには意義があります。

以下に、ジェンダー・ステレオタイプを振り返るためのアクティビティを2つ、筆者が大学で実施した様子も交えて、ご紹介します。

アクティビティ その1　「女らしさの箱・男らしさの箱」

最初のアクティビティは、このような質問から始めます。――みなさんは「女らしさ」「男らしさ」という言葉を聞いて、何をイメージしますか？　思いついたことを、いくつか書き出してみてください。どんなことばや表現でも構いません。場合によっては、「○○さんみたいな人かなぁ」と、誰かの姿が思い浮かぶかもしれません。そのときは、○○さんのどんなところが、自分に「らしさ」を感じさせるのかを考えて、ことばや表現にして書き出してみましょう。——

書くこと、つまり、言語化によって、私たちは自己の認識を客観視できるようになります。同じ「言語化」でも、人に話すこととは違い、「書くこと」は独りでする行為です。自分自身の考えと向き合うことで、改めて「私はこういう認識を持っていたのか」とか、「書いてみたけど、これは本音とは違うかもしれない」などと気づくこともあります。

中には、「〝らしさ〟を具体的に想像できない」という人もいます。実際、このアクティビティに取り組んだ学生の中にも、「いろいろ考えてみたけど、特に思いつかない」と答える人はいます。もちろん、思いつかないことが悪いわけではありません。このアクティビティでは、自分が、どのように「らしさ」を捉えているか（いないか）を自覚することが大切です。

アクティビティその1 回答例

次の2つの表は、筆者が2020年代初頭に、複数の大学の授業でアクティビティを行い、学生の回答をもとに作成した資料から再構成したものです。男女、それぞれの表に書かれている言葉の違いや共通点（2つの表の中に、同じ言葉も登場します）などを見比べてみてください。「らしさ」のイメージは、多方面にわたり、バラエティ豊かであることが分かります。この回答例に対しては、学生からも賛否両論、いろいろな感想や意見が出てきます。

男らしさの箱

〈外見〉ガタイの良さ　身長が高い　手足が大きい　力持ち　筋肉　かっこいい　喉ぼとけ　美脚　清潔感　ネクタイをしている　学ラン　ひげ　毛が濃い　髪が短い　上半身裸　がに股　汗かき　あぐら
〈性格、雰囲気など〉声が低い　活発　強い（性格面でも）　頼りがい　決断力　行動力　我慢をする　泣かない　自信がある　責任感　論理的　合理的　メンタルが強い　大雑把　単純　やんちゃ　自由　運動神経がよい　義理人情に厚い　大食い　挑戦したがる　度胸　リーダーシップ　女性を守る　「漢」　プライド　乱暴　攻撃的　怖い
〈志向、役割など〉スポーツ　ヒーローや戦隊もの　アニメ・ゲーム　虫・恐竜　ケンカ　機械好き　群れる　運転上手　理系　力仕事　大工　プロレスラー　兵士　医師　社長　大黒柱　経済的に家族を支える

女らしさの箱

〈外見〉小柄　丸みのある身体　色白　かわいい　長い髪　清潔感　化粧　ネイル　スカート　リボン　萌え袖　ヒールの靴　足を閉じる　露出が高すぎない　ハンカチ持ってる　荷物が多い　体毛がない
〈性格、雰囲気など〉丁寧な言葉遣い　礼儀正しい　上品　清楚　高い声　お淑やか　優しい　気配り　聞き上手　甘え上手　几帳面　従順　愛嬌　コミュ力　したたか　女子力　姦しい　陰湿な攻撃性　あざとい　寒がり　世渡り上手　買い物をするとき色々見る　繊細　いい匂い　凛としている　かよわい　すぐ泣く　字がきれい　静か
〈志向、役割など〉人形　キラキラしたものが好き　スイーツ　文系　バレエ・ピアノ　ディズニー　集団で行動　手先が器用　お酒に弱い　家事全般ができる　出産・子育て　看護師　主婦　花屋　事務仕事

筆者は、誰かの考えが荒唐無稽《こうとうむけい》に思えたとしても、一人ひとりの持つイメージに正解・不正解はない、と考えます。想像することは自由だからです。とはいえ、現実の人間を目の前にして、「あなたは私のイメージとは違っているから女／男ではない」と決めつけることはできません。ある人の性別と、その人が、自分から見て「らしい」かどうかはまったく別の話です。

また、これらのイメージは、どれも、学生がアクティビティをした時点のもので、その後の出会いや学びなどの経験によって、変わっていく可能性があります。興味深いことに、授業での様子を見ていると、他者と比較するだけで認識が変わる学生もいます。人との違いを確認することが、これまでの「あたりまえ」を見直すきっかけになるようです。

社会を反映する「ジェンダー・ステレオタイプ」

このように、ジェンダー・ステレオタイプは、一人ひとりの認識を見ると、それぞれ異なっており、多様で、変化する可能性があります。「らしさを想像できない」という人もいることを考えると、同じ社会で生活をしていて、同世代であっても、どのように性別を捉えるかは人それぞれだということが分かります。

一方、先ほどの回答例からは、男女それぞれのカテゴリーごとに、複数の回答に通底するイメージが含まれていることも見て取れます。たとえば、女らしさには「小さく、よわく、他者に配慮する」イメージが、男らしさには「大きく、つよく、他者をリードする」イメージが、いくつかの回答に共有されています（他にもあるかどうか、検討してみてください）。男女が相反する存在であり、かつ、相互補完的な存在として捉えられている節もあります。

こうした傾向が表れるのは、ジェンダー・ステレオタイプが男女の身体的な差異を一般化するとともに、社会のありようを反映し、文化的に共有される側面を持つからです。性別を一つの集団として扱うと、統計学的には、身体の平均的な成長パターンや特徴、身体能力の平均値などの差異が存在します。その「平均値」は、必ずしも集団の平均的な実態を表すとは限りません。人間の多様性も、その値からは見えてきません。分かりやすく男女の差を固定化した表象、つまり、ステレオタイプな表現は日常的に使われていますから、人間の多様性を理解していなければ、男女の差異は本質的なものであるという感覚を持つことにもなり、ジェンダー・ステレオタイプは維持・強化されます。

加えて、公的（政治的・経済的）な立場における男女の力関係の差が、日本は世界的に見ても大きい国[8]だという事実や、性の多様性に関する理解や法制化が進まない現実もあります。これまで、男女二分法的な性別認識（それを「性別二元制」と言います）のもと、「異性愛主義」（異性愛を自然で正常な状態だとみなし、それ以外の性愛のあり方を不自然で異常なものと捉える思想のことで、異性愛以外の人たちを排除する考え方につながります）が、多くの人たちの性に対する認識を形づくってきました。性別役割分業を引き受けること、異性愛であることを前提に組み立てられた社会では、男女は常に相互補完的なものとしてみなされ、私たちは幼少期から、あらゆる場で、そのように振る舞うことを期待されるようになります。

ジェンダーに限りませんが、ステレオタイプと社会の構造には、密接なつながりがあります。それゆえ、ステレオタイプには文化的な先入観や偏見が含まれることを意識し、その影響を自覚することで、一人ひとりの人間や社会をより具体的かつ客観的に見ようとすることができるようになります。人間の在りようや持っている能力、適性は、おしなべて性差以上に個人差の方が大きいことを意識し、性別にかかわらず一人ひとりのこどもと向き合おうとすることは、こどもたちの可能性を伸ばし、成長を支える大人にとって、欠かせない姿勢です。

3 ステレオタイプの再生産は、こどもにどう影響するか

続いてもうひとつ、「ジェンダー・ステレオタイプ」に関連するアクティビティをご紹介します。これは、自己の持っているジェンダー・ステレオタイプを、自分がどのように学習したかを振り返るものです。ステレオタイプの再生産を振り返るとともに、大人たちからの言葉がけが、こどもにどのような影響を与えるかを検討してみます。

アクティビティ その2 「らしさの箱」に入れられた経験を振り返る

二つ目のアクティビティも、このような質問から始めます。――みなさんは、こどもの頃に、周囲の人から「男らしさ」「女らしさ」を求められたことがありますか？ あるとしたら、誰から、どんな場面や状況で、どのように言われましたか？ あるいは、自分ではなくても、誰かが「らしさ」を求められている場面を見聞きしたことがありますか？ 《アクティビティ：その1》と同様に書き出してみてください。――

回答例から見えてくること

次の回答例も、《アクティビティ：その1》と同じく、筆者が学生の回答をもとに作成した資料から、事例の数を限定して再構成したものです。

このアクティビティに取り組んだ学生の中で「いままで、誰からも、何も言われた記憶はない」

・「男なんだから我慢しなさい／泣くな／痛がるな」
・「男子は重い荷物を持って」
・「男の子なんだからもっと食べて」
・「男ならもっと責任感を持て」
・「男は女の子を守らなくちゃいけない」
・「女の子なんだからお上品にしてなさい」
・「女の子は愛想よく」
・「女の子は足を閉じて」
・「女の子なんだから、家事をしなさい」
・「女の子はそんなに勉強できなくてもいいよ」
・「好きな女子／男子いないの？」（異性愛を前提に聞かれる）

という人は、ほんのわずかです。ほとんどの人は成長の過程で、誰かから「男らしく／女らしく」と言われたり、誰かが言われているのを見聞きした経験があり、その多くは「相手から頭ごなしに、否定的な評価をされた」といった、不快な経験として受け止めていました。特に何も思わずに従ったという人や、大人からの指摘を肯定的に捉えていた人もいました。一方で、からかいや侮蔑という形で経験した人も多く、振り返ってみると人格の否定であり、「言葉の暴力」だと表現した人もいました。

そもそも「言葉」は、双方の関係性やコミュニケーションの状況などによっても、意味や影響力を変えるものです。上記の回答例に載っている言葉が、文面だけで良し悪しを判断できるわけではない点には留意が必要でしょう。

とはいえ「らしさ」の強要が、ときに人格の否定や「言葉の暴力」だと捉えられることがある背景について考えてみると、やはり「ジェンダーやセクシュアリティにかかわる自己認識は、アイデンティティの重要な要素のひとつである」というところにたどり着きます。たとえば「男なら○○をしなくてはならない」というメッセージは、こどもへの影響力が強い人の言葉であるほど、

「○○をしなければ（一人前の）男ではない」、さらには「女は○○をしなくてもよい／女に○○は期待しない」といった含みを伝えることがあります。こどものアイデンティティを脅《おびや》かしながら、大人の期待通りに振る舞うことを要求することは、果たして理にかなった、こどもの成長に有効なやり方だと言えるのでしょうか。伝え方の選択肢は他にないのか、大人たちはもっと、自らの言動に注意を払っても良いと思います。

さらに言えば、こどもたちに「男らしく／女らしく」と要請してくる相手は、目の前の、具体的にかかわる他者だけとは限りません。《アクティビティ：その1》でも、ステレオタイプな表現が日常的に使われていることに言及しましたが、メディアから大量に流される情報、マンガ・アニメなどの創作物を始めとする表現に含まれるメッセージや、集団・コミュニティでの暗黙のルールの中に、あるいは広く、文化・慣習など社会のありとあらゆる場所に、性別の「らしさ」を正当化しようとする、規範的なジェンダー・ステレオタイプを見つけることができます。それらはすべて、こどもたちよりも前の世代の人々が生み出したものです。

力／権力・権限の行使による影響を自覚する

大人とこどもには力の差があり、「保護者 - 子」「教師 - 生徒」といった関係性の中で生じる権力・権限は、大げさでなく、こどもの生殺与奪《せいさつよだつ》の権を握ることさえ可能にします。力を持つ側は、自分の考える「正しさ」に相手が背くとき、制裁や排除といった社会的な罰を与えることが容易にできるからです。

「こどもに対して、らしさを求める／期待すること」に対しては、色々な考え方があって当然です。しかし、社会の変化に即して合理性に欠ける内容であったり、こどもを尊重する態度がなければ、当然、本人の納得感にはつながりません。こどもが、主体的に生きる一人の人間として、その人格と個性を尊重されているという実感を持つことも難しいでしょう。伝える側は善かれと思っていても、結果として個人的な価値観や好みの押しつけとなったり、こどもの尊厳を傷つける行為となることもあります。場合によっては、こどもの持つ個性や能力を否定し、ときにチャレンジの機会を奪い、可能性を狭めることさえあります。大人たちが大事にしてきた価値の継承は大切なことである一方、それが古くなっていく可能性についても常に念頭においておくことは、こどもの声を聞く余裕と、こどもとの対話の余地をつくります。

ここまで「ジェンダー・ステレオタイプ」を手がかりに、大人のジェンダー観を見てきました。ジェンダーがこどもの自己認識・自己理解、さらにはウェルビーイングと分かちがたく結びついている点をふまえ、こどもとのかかわり方を再考する機会にしていただければ幸いです。

4

ジェンダーの「解像度」を上げよう！

「ジェンダーの社会化」という言葉があります。こどもたちは、もっぱら大人たちに用意された環境の中で、多様な人々や、こどもをとりまく環境との相互作用をとおして、その社会での価値と規範を獲得していく（社会化していく）存在です。この過程において、社会に浸透しているジェンダーを学習し、自らも学習した知識や認識をもとに他者と主体的にかかわり合いながら、自他への理解をふかめていきます。

このとき、こどもたちは決して、外からの価値観や規範を全面的に受け取るだけの存在ではなく、自らの置かれた環境と能動的にかかわる「エージェンシー（自ら考え、主体的に行動して、責任をもって社会変革を実現していく姿勢・意欲のこと）」を発揮する能力も持ちあわせた存在です。だからこそ、こどもをとりまく大人たちが、自身のジェンダー観がこどもにおよぼす影響を理解し、ジェンダーに自覚的になること（「ジェンダー・センシティブ」であろうとすること）、こどもを1人の人格を持った存在として、その個性や能力、経験、考えを尊重しかかわろうとする態度をとることは、こどものエージェンシーを高め、こども自らがウェルビーイングを実現することにもつながっていくでしょう。

ジェンダーの「解像度」を上げると、社会の様々な場にある「ジェンダー」に気づくことができるようになるとともに、自分自身の認識の枠組みに気づかされることも増えていきます。こどもたちの個性や能力を性別によって決めつけないことは、本当に大切なことだと実感します。筆者は、2021年に初めて大学での授業を担当した際に、学生たちが提出したレポートを読みながら「男子学生なのに、よく書けてる！」と感心したあと、自分のバイアスに気づいて愕然とした経験がありました。それからは、必ず名前を伏せてレポートを読むことにしています。個人の認識の枠組みをふまえ、それによって不利益を被る人が生まれないような仕組みを工夫できるのも、ジェンダーの解像度を上げることで可能になると考えます。

変化のスピードが速く、未来の不確実性が増しており、「VUCA」[9]とも表現される時代。属性や経験・価値観の異なる多様な人たちが包摂され、共に生きていく社会を目指すいま、教育者を始めとする、こどもの成長や学びに関与する大人たちもまた、変容を求められています。残念ながら、ジェンダーにかかわる課題には、スッキリと分かりやすい「正解」はありません。だからこそ、こどもたちと向き合う現場では、常に自らの認識を問い直しつつ、対話をとおした実践を地道に積み重ねていくことが、より良い未来への選択肢を増やし、可能性を広げるはずです。

【注】

(1)「子どもの権利条約」とも言う。日本は1994年に批准した。
(2)日本WHO協会による日本語訳では、「ウェルビーイング」とは「満たされた状態にあること」。
(3)「こども政策」とは、基本法にもとづいて実施される政策全体のこと。
(4)施策とは、政策を実現するための具体的な方策や対策のこと。
(5)「ジェンダー・ギャップ」とは、男女の性差によって生じる格差のこと。
(6)「SOGI」とは「Sexual Orientation and Gender Identity」の頭文字をつなげた言葉。
(7)「ジェンダー的アイデンティティ」「性的アイデンティティ」という表現は、『令和5年度こども家庭庁委託調査　諸外国等におけるこどものウェルビーイングの概念と測定方法に関する調査報告書』(2024年3月)の訳語をそのまま引用した。
(8)ジェンダーに関する世界的な指標のひとつに「ジェンダー・ギャップ指数(GGI)」がある。世界経済フォーラムが毎年発表するもので、経済、教育、健康、政治の分野毎に各国の男女格差を数値化している。２０２４年の発表において、日本は１４６か国中、１１８位だった。

⑼「ＶＵＣＡ」は時代の特徴を表す用語で、「Volatility：変動性」「Uncertainty：不確実性」「Complexity：複雑性」「Ambiguity：曖昧性」の頭文字を並べた言葉。

【参考文献・資料】

・青野篤子・土肥伊都子・森永康子『［新版］ジェンダーの心理学──「男女」の思いこみを科学する』ミネルヴァ書房、２０２２年。

・セリシエ・ノアゴー著、さわひろあや訳『デンマーク発　ジェンダー・ステレオタイプから自由になる子育て多様性と平等を育む10の提案』ヘウレーカ、２０２２年。

第2章

ジェンダーで読み解く子どもと学校文化

藤原　直子

２章では、学校文化についてジェンダーの視点から考えます。学校と聞いて、どのようなイメージが思い浮かぶでしょうか。教室、授業、給食、運動会や修学旅行といった学校行事、クラスメートや教師とのやりとりなど、学校で営まれる日常には、多種多様な要素が含まれています。多くの人にとって、学校で過ごした日々は記憶として残り、年齢を重ねても思い出すことができるものでしょう。学校は人が社会の中で生きる自分を形成する上で重要な役割を果たす場であると言えます。

では、学校ではどのような営みが行われていると言えるでしょうか。どのようなカリキュラムが編成され、それがどのような方法で指導されているのか、教室や仲間集団においてどのような価値観や規範が共有され伝えられているのか、これらの学校で繰り広げられる一連の行動様式、規範、価値観などを「学校文化」といいます。日本の学校文化の特徴として、「仲間づくり」や「学級づくり」といった学級が生活集団として機能していることや集団の秩序を重んじ、その秩序を守ることを学ぶことが重視されている点が挙げられています。

しかし、情報技術の発展、グローバル化の進展など急激に変化する社会において、学校のあり方も変化を求められています。個人が社会で生きていくための力を育む場、すなわち、学校が社会化の担い手として機能していることに変わりはありませんが、教育内容や方法、学校生活の日常的な活動など、時代や社会の変化に対応していくことが課題とされています。

本章では、学校文化をジェンダーの視点から問い直し、子どもたちが自分らしく生きること、一人ひとりのジェンダーのあり方が尊重される学校文化を創造する必要性と教師が果たすべき役割について考えていきます。

1　学校はジェンダー・ステレオタイプを再生産する場!?

現在、多様な性のあり方を尊重する共生社会を目指し、あらゆる分野でジェンダーへの理解が進みつつあります。教育分野も例外ではなく、特に学校ではジェンダーに関する教育や性別に関わらず個人を尊重する指導や取り組みが期待されています。しかし、教育という営みの場では、性別に基づく役割期待や、無意識の思い込み（アンコンシャス・バイアス）によって固定的なジェンダー観を刷り込む「隠れたカリキュラム」が存在し、ジェンダー・ステレオタイプが根付いているのも事実です。隠れたカリキュラムとは、教師が意図する・しないにかかわらず、暗黙のうちに子どもに強要され、了解されている、学校生活を営むうえでの知識や行動様式、意識のことをいいます。性別二元論に基づくジェンダー規範も隠れたカリキュラムの一つと言えるでしょう。

学校教育におけるジェンダー・バイアス

1980年代後半以降、こうした問題に取り組む「ジェンダーと教育」研究は、学校文化に潜むジェンダー・バイアスの実態を明らかにしてきました。例えば、教科書や教材における性別に基づく役割分担の描写や、男性に比べて女性のリーダーや活動家に関する記述の少なさ、また、男子はサッカー、女子はバレーボールといった性別による活動の割り振り、教師の指導や評価において無意識に性別によって異なる基準で判断していることなどが挙げられます。これらのジェンダー・バイアスは、子どもたちに性別に基づく役割期待や意識を内面化させ、子ども自身の自己認識や行動、将来の進路選択に影響を及ぼすと指摘されています。

ジェンダー研究で有名な木村涼子さんは、学校教育がジェンダーを再生産するプロセスを学校段階ごとに次のようにまとめています。「幼児教育段階ではカテゴライズによる性別分離の基礎が築かれ、小学校では幼児教育段階の性別カテゴリーを引き継ぎつつも、男女均質化の原則が強く支配する。しかし、中学校に進学する段階で、性別の差異を強調する文化が思春期という子どもの発達段階ともあいまって展開される。高校段階では、中学校において生じた性別分化のプロセスが学校・学科選択によって本格的に展開し、さらに卒業時点での高等教育機関への進学の有無と進学先の選択によって、最終的な性別分化が完成する[1]」。

つまり、学校という場では「性別に関わりなく」という原則が掲げられている一方で、実際には性別によって異なる関わりが行われ、その結果、性別ごとに分かれていく状況が生み出されているという指摘です。さらに、ジェンダー・バイアスは教師の言動によるものだけではありません。児童生徒自身もジェンダー・バイアスの影響を受ける立場にあると同時に、それを他者に期待したり、押しつけたりするなど、実際の行動として表す主体となっています。つまり、子どもたちもまたジェンダーを再生産する役割を担っていることが明らかにされています。

ジェンダー・ステレオタイプが教育環境で形成されるプロセス

では、学校文化において、ジェンダー・ステレオタイプはどのように形成され、強化されていくのでしょうか。そうした状況を生み出す要素の一つは、教師のジェンダー意識です。教師も社会の中でジェンダーに影響を受ける存在、すなわち、ジェンダー化された主体であるため、無意識に持つ性別に対する固定観念が指導や評価に影響を及ぼすこともあります。例えば、授業中にある男子生徒が多く発言していると、「自分の考えを積極的に主張することができる」と積極性に着目して評価するのに対し、女子生徒が同じ振る舞いをしたときには「周りを気にとめず一人で話し過ぎている」と協調性に着目して評価するなど、同じ行動に対して性別によって異なる評価をしてしまう可能性があるということです。

このような例は、教師による評価だけでなく、生徒間での他者の評価にも生じることもあります。自分の意見をしっかり持つことが大切だという場面で、女子が積極的に自己主張をすると周囲から「気が強い」女子と見られたりします。しかし、「気が強い」という表現は男子にはあまり使われず、「しっかりしている」「芯がある」と見られたりします。社会におけるジェンダー規範は、教室内にいる子どもたち同士にも影響を及ぼしていると言えます。

そして、子どもたちの関係性を読み解く際に、教師のジェンダー・コード（性別によって行為を解釈する枠組み）が作用することが、学校文化におけるジェンダー・ステレオタイプの形成を促すこともおさえておきたい視点です。教育社会学者の寺町晋哉さんは、女子の友人関係のトラブルに対する教師の介入に注目し、ジェンダー・バイアスの存在によって女子の人間関係が劣位に置かれる状況を指摘しています。

寺町さんの研究（寺町、２０２３年）では、女子の関係性を「ドロドロしたもの」と捉え、女子たちは関係性を重視するという教師の認識が、女子のトラブルに対する介入の在り方を方向づけていること、また、教師の介入がトラブルそのものだけでなく、女子たちの関係性にまで展開されていることが描き出されています。教室の秩序を保つ学級経営の観点からの教師の介入は、当事者同士でトラブルを解決することを求めると同時に、女子の友人関係そのものへの介入となっていることを明らかにしました。教師が本人たちの「本当の気持ち」を重視する一方で、生徒それぞれが所属するグループの調和も期待するため、生徒は自分の気持ちと他の友人たちへの影響との間で板挟みになる場面が多く観察されました。女子の関係性をケアするという教師の介入は、一見すると生徒の自主性を促しているように見えますが、実際には女子たちに関係性の維持や修復について「自分たちで解決すべき」という責任を負わせることにつながっていたということです。

このように、教師の介入において、女子の関係性は女子特有の「解決すべき問題」とみなされている一方で、男子間の人間関係のトラブルは軽視される傾向があります。その結果、「女子は感情的で人間関係が複雑」「男子の関係性はさっぱりしている」といったジェンダー・ステレオタイプが強化され、学校という場でのジェンダー秩序の再生産につながっていくのです。

「性別に関わりなく」の学校文化に潜むもの

学校教育は、前述のように「性別に関わりなく」「個性と能力を十分に発揮することができる」、ジェンダー平等社会の実現を推進する学びの場として位置づけられています。近年では、性別にとらわれない制服の選択制や性別を分けないスポーツ活動の実施、性別を問わず部活動に参加できる仕組みなど、生徒一人ひとりの多様性と個性を尊重する取り組みが積極的に進められています。文部科学省においても、学校と地域で育む男女共同参画の促進に向け、他者の尊重や自分を大事にすることの理解、固定的な性別役割意識解消への理解を深めるために、小・中学生を対象とした教材や指導の手引き、保護者向け啓発資料を作成しています。

ジェンダー平等社会の形成を担う人材を育てるためには、いまの社会でジェンダー平等を妨げている要因を明らかにする必要があります。そのためには、性差別の構造と根深い偏見のメカニズムに向き合い、具体的に認識することが重要になります。しかし、「性別にかかわりなく」という表現に基づく取り組みは、時に問題の根本に目を向けることを避け、問題を表面的に捉えたまま進められることがあります。その場合、ジェンダー不平等を引き起こしている問題の土台を解決するには十分ではなく、平等の実現に向けて進むべき道を見失う可能性があります。したがって、教師にはジェンダー問題の本質を理解するために必要な知識や、現場での多様な経験から得られる理解が必要となります。

教育学者の浅井幸子さんたちの研究では、教師の仕事、教職が「脱性別化」されてきた／されている実態を明らかにしています。男女平等を追求するにあたって、教師を性別化することが批判されてきたものの、「脱性別化が実質的には女性教師の男性化として進行し、教師における性差別を語る言葉と女性教師が担ってきた仕事の価値を表現する言葉が同時に失われた[2]」と指摘しています。つまり、ジェンダー不平等が生じる原因に向き合うことや教育経験に裏付けられた知識に「女性」というラベルを貼られることを無意識のうちに避ける傾向にあるということです。なぜなら、教師としての自身の言動や実践に対して「女性だから」「女性らしさ」という印づけをされることは、教師の専門性と信頼性を低下させてしまうかもしれないと思わされる構造が背景にあるからと指摘します。

これら浅井さんたちの研究をふまえ、本書でも執筆の虎岩朋加さんは、教育現場には「男とか女とかことさら取り立てない」という美徳が規範として働いていると述べています（虎岩、2023年）。その規範のもと、教師たちは性別に関係なく中立的な存在であるかのように振舞うことで、専門性と信頼を保っていると自身も内面化している。自身の性別に基づく経験から得た知識を実践に活かして、現場を変えようとしても、その経験が「女性だから」「男性だから」といった固定的な見方に回収されてしまい、その意義が否定されるような状況にある、すなわち、経験の積極的な意味づけすら高度にジェンダー化されることで無化されていると指摘します。

学校は、一見すると男女平等が「当たり前」とされ、その平等が一定程度守られている場所のように見えます。しかしその一方で、平等という規範の内側で、ジェンダーの不平等を繰り返し生み出す文化が存在しているということは見逃してはならない観点です。性別にとらわれない教育の実現は、より豊かで共生的な社会を育むための土台となります。学校文化がジェンダー・ステレオタイプを再生産する場ではなく、それを乗り越えるための場となるために、議論を深め、具体的な実践を続けていく必要があります。

2 学校生活を自分のジェンダーで生きる

学校生活は、子どもたちがジェンダーに関する価値観や態度を形成する主要な場です。学校という社会空間において、子どもたちは「自分のジェンダーをどう生きるか」という問いに向き合いながら成長していきます。先に述べた学校教育における性別分化のプロセスは、多くの場面で子どもたちに影響を与えます。例えば、体育祭で男子は「力強い競技」、女子は「優雅なダンス」が求められたり、日常の役割分担では男子が力仕事を担当し、女子が細かな作業を任されたりすることがあります。また、リーダー役が男子に偏るといった状況も見られます。

こうした状況は、性別による期待を暗黙のうちに強調することになり、子どもたちの意識や行動に作用し、場合によって大きな負担となり葛藤を引き起こすこともあります。ここでは、ジェンダーの視点から、子どもたちが学校生活をどのように過ごしているのか考えていきます。

「ジェンダーしている」子どもたち

子どもたちは、無意識であれ意識的であれ、自らのジェンダーを表現する振る舞いを行っています。例えば、男子がスポーツで活躍することで「男らしさ」をアピールしようとしたり、女子が友人への気遣いや調和を大切にすることで「女らしさ」を表現したりする例が挙げられます。もちろん、多様な「男らしさ」「女らしさ」の表現があります。子どもも大人も、日常生活を過ごす中で、人はジェンダーに基づく表現や振る舞いをしていると言えます。

このような考え方をウェストとジマーマンは「doing gender」という概念で説明しました。ジェンダーは、個人が生まれ持った個性や特性ではなく、日常的な行為や他者との関わりの中で行うものであり、固定的なものではないという考え方です。日々の生活の中で人々が無意識に繰り返す行為ややり取りが、社会全体のジェンダー規範を維持し強化していると指摘しています。

人々の行為を通して形成されるジェンダーが、さまざまな場面でどのように表現され、再生産されているかを考えるという視点は、教育という場においても重要です。なぜなら、教師が子どもたちをどのように観察し評価するかによって、ジェンダー規範が強化されたり、あるいは問い直されたりする可能性があるからです。例えば、ある女子が「女らしい」振る舞いをしていると観察された場面で、女子自身が「女らしく」振る舞っている、そして、「そんなことをするのは女子だから」という説明が成り立つことで、その行為の正当化に「女らしさ」というジェンダーが利用されているということです。ジェンダーがある行為の理由として使われる一方で、その行動が結果的にジェンダーという枠組みを強化する方向に働いていることがわかります。

さらに、理解しておきたいことは、人が何かを演じる行為、ジェンダーの振る舞いは、その行為自体が意味や現実を作り出す力を持っているという点です。「ジェンダー・パフォーマティヴィティ」（ジェンダーの行為遂行性）という概念を提唱した、アメリカの哲学者J・バトラーは、ジェンダーは意識的に「演じる」ものではなく、社会的な規範を無意識に模倣し、繰り返される行動や言葉を通じて作り上げられるものだと指摘しています（バトラー、1999年）。模倣や繰り返しによって、私たちは自分や他人を「男らしい」や「女らしい」と感じるようになり、それがやがて「当たり前」のこととして社会の中で認識されていくということです。それはまた、ジェンダーという行為を繰り返すという過程で、私たちは「男性」や「女性」として周囲に認められ、自分の居場所を見出すことにつながっているとも言えるのです。

バトラーは、ジェンダーが繰り返される行動や言葉によって構築される以上、その繰り返しを変えることで、ジェンダーの枠組み自体を揺るがし変化させる可能性があることも主張しています。既存のジェンダー規範に意図的に逆らったり、新たな表現を試みたりすることは、固定観念を問い直すきっかけにもなります。ジェンダー・パフォーマティヴィティの考え方は、子どもたちがどのようなジェンダーを生きているのかを観察する上で重要であり、教育現場におけるジェンダー規範を再考する契機にもなります。また、この考え方は既存の枠組みを揺るがし、新たな枠組みを創造する可能性を見出す視点につながります。そして、それは教師の役割を考える上でも欠かせない観点だと言えるでしょう。

仲間集団におけるジェンダーの圧力

子どもたちは、仲間集団を通じて自然発生的に独自のジェンダー文化を形成していきます。この仲間集団は、年齢や学年、性別によって異なる特徴を持ち、性別に基づく役割意識を無意識のうちに内面化させるとともに、子どもたちのジェンダーの理解や表現にも大きな影響を与える場となっています。

特に、小学校低学年から高学年にかけての発達段階では、ジェンダーに関する意識や行動に顕著な変化が見られます。小学校低学年では、男女が混ざって遊ぶ場面や性別に関係なく意見を交わす様子などが見られ、性別による境界が目立たない傾向があります。この時期の子どもたちは、性別にとらわれずに興味や関心から一時的に集団が形成され、活動する傾向があり、性別による役割期待や行動規範を強く意識する段階ではなく、開放的な関係性を築きやすいと言えます。

しかし、学年が進むにつれ、性別による境界は徐々に明確化し、高学年になると男女間の隔たりや集団の分立が顕著になる傾向がみられます。仲間集団内において、ジェンダー規範をもとにした関わり合いが多くなり、集団のメンバーであるという帰属意識や他者からの承認欲求が、子どもたちを規範に従わせる強い動機となります。このため、男子が「男子らしく」ない仲間をからかったり、女子が自分たちの「女らしさ」を守らない女子を仲間外れにしたりするように、規範を逸脱する行動を取る子どもが揶揄されたり排除されたりすることも少なくありません。こうした現象は、ジェンダー規範が個人にとどまらず、集団文化として強化され再生産されるプロセスを示しているものと言えます。

灘高校教諭である片田孫朝日さんは、学童保育でのフィールドワークを通して、男子が中心となる権力関係の形成とその影響について考察しています（片田、２０１４年）。片田さんの研究では、男子文化では「強さ」や「競争」が重視され、仲間関係やスポーツ行事において男子の優位性が強調される傾向があること、そして、スポーツや遊びでの攻撃的・粗暴な言動が容認されることで、男子間の力関係が形成され、女子が劣位に置かれる構造が強化されることが明らかにされています。

具体的には、スポーツ能力の高さを持つ者が「強く」、仲間を指導する力を持つ様子や、遊びの中でのはやし言葉やからかいといった攻撃の文化、「腕白」な行動や規則違反の幼児的な行動が、男子支配を作り出す文化として挙げられています。また、「怖いもん」「助けて」といった恐れや不安を表す、いわば「柔らかい」感情を表現する周縁的な男子が、周囲から「怖がり！」と揶揄されることで、その声が抑圧されてしまう傾向も指摘されています。さらに、男女間でのからかいや競争は、性別分離を強化する要因となっており、これらのプロセスを支えているのは大人だけでなく、子どもたち自身も主体的に関与していることが示されています。

仲間集団におけるジェンダー文化は、一人ひとりの子どもに多様な場面で多層的に影響を及ぼしていると言えます。そのことは、仲間集団がジェンダー規範への挑戦の場ともなりうることを示しています。実際、仲間集団では、既存のジェンダーに縛られず振る舞う子どもたちや、規範を揺るがす行動が表れることもあります。例えば、子どもたちの中にある性別による境界を越えて、女子が男子の遊びに参加したり、男子が「女子の領域」に積極的に関与したりすることで、従来の性別役割に挑戦する場面もめずらしいことではありません。これらの挑戦は、仲間から支持され、ジェンダーの多様性を受け入れる文化を集団内に広める効果をもたらしたりします。

このように仲間集団は、ジェンダー規範を再生産し強化する役割を果たす一方で、それを緩和したり乗り越えたりする可能性も秘めています。子どもたちは、こうした集団の中で性別に対する意識や性別役割期待について考えたり向き合ったりしながら、自らの価値観を模索し、多様なジェンダー文化を形成しています。そして、仲間集団の文化は、教室全体や学校全体に波及し、学校文化そのものとして機能する側面もあります。そのため、仲間集団におけるジェンダーは、個々の子どものジェンダー理解や意識形成にとどまらず、学校全体のジェンダー文化を形作る重要な要素として捉えることができるでしょう。

学校生活は、子どもたちが自分らしく生きる力を育む場です。教師も子どもたちが共に「自分のジェンダーで生きる」という視点を尊重し、ジェンダーの多様性を受け入れる環境を築いていくことが、すべての子どもたちの可能性を広げるポイントとなります。

3 学校文化を創造する教師の役割

ジェンダーは、固定的なものではなく、日々の経験の中で構築されているという視点に立てば、子どもたちは、学校生活の中で規範に縛られながらも交渉したり、時には規範を超える新たなジェンダー表現を模索したりしていると理解することができます。学校という場は、そのような両義性を持ちながらも、子どもたちが多様に自分のジェンダーを生きることを可能にする重要な役割を果たしています。

では、ジェンダー平等と多様性を尊重する学校文化を築く上で、教師はどのような役割を担っているのでしょうか。教師は、日常の行動や言葉を通して子どもたちに影響を与える存在であり、自身の言葉や行動がジェンダー規範や子どもたちの関係性にどのような影響を与えるか常に意識する必要があります。その鍵となるのは、フェミニスト・ペダゴジーの視点です。フェミニスト・ペダゴジーは、教育の場における権力構造や不平等を問い直し、教師と子どもが学びの場に積極的に関与することを通して、自分の境界を乗り越え、新たな知を生むような学びの場の創造を目指した教育理論です。

アフリカ系アメリカ人の学者であり社会活動家のベル・フックスさんが書いた『学ぶことは、とびこえること――自由のためのフェミニズム教育』は、フェミニスト・ペダゴジーの視点を実践的に考えるための示唆を与えてくれます。本書では、教育を自由のための実践として位置づけ、教室という場に潜む権力構造や不平等をいかに乗り越え、学習者が主体的に学び成長していく教育のあり方を提案しています。教師と生徒が対話を通じて自己と他者を理解し、共に学び合うことが、ジェンダー平等や多様性を尊重する文化の基盤づくりにつながるでしょう。

その実践は、教室の中でのジェンダーに関する問題がどのように存在しているか、子どもたちの権力関係の緊張や葛藤をどう理解し対応するのか、既存のジェンダー規範から外れ、周辺化されたマイノリティの声が沈黙させられている状況に対して、教師はどう対応するのかという問いに向き合うことです。自分自身のアンコンシャス・バイアスを見直し、自分の言動が子どもたちにどのようなメッセージを伝えているか内省すると同時に、授業や学校行事での役割分担を見直したり、性別にとらわれず能力や興味に応じた多様な機会を提供したりすることなどが挙げられます。また、個々の教師が、性の多様性への理解や態度を示し、教室や学校全体に偏見や差別を許さない、すべての人が対等に尊重される学校文化を醸成していくことも重要なことです。

このように考えると、教師は多大な労力が必要です。教師自身もジェンダーに関する問いに揺さぶられながら、子どもたちの学びを導く存在として、自己実現に向けた努力が求められることになります。日々の実践を積み重ねることで、教師は、ジェンダーという視点から、子どもたちの自由な表現と学びを支える存在となるのではないでしょうか。

学校文化はすぐに変わるものではありません。しかし、ジェンダー平等と多様性を尊重する文化を創造するために柔軟に取り組み続けることは、すべての子どもたちが安心して自分自身を表現し、自らの可能性を発揮できる学習環境づくりに直結します。学校全体と教師がこの責任を果たし、努力を続けていくことができれば、子どもたちが自らの未来を創造するための公平な社会の基礎を築くだけでなく、より豊かな社会の創造につながっていくと思います。

【注】

(1) 木村涼子『学校文化とジェンダー』勁草書房、1999年、27～28ページ。
(2) 浅井幸子他編著『教師の声を聴く　教職のジェンダー研究からフェミニズム教育学へ』学文社、2016年、12ページ。

【参考文献・資料】

・浅井幸子他編著『教師の声を聴く　教職のジェンダー研究からフェミニズム教育学へ』学文社、2016年。
・片田孫朝日『男子の権力』京都大学学術出版会、2014年。
・木村涼子『学校文化とジェンダー』勁草書房、1999年。
・志水宏吉『学校文化の比較社会学：日本とイギリスの中等教育』東京大学出版会、2002年。
・ジュディス・バトラー著、竹村和子訳『ジェンダー・トラブル：フェミニズムとアイデンティティの撹乱』青土社、1999年。
・寺町晋哉『〈教師の人生〉と向き合うジェンダー教育実践』昇洋書房、2023年。
・虎岩朋加『教室から編み出すフェミニズム――フェミニスト・ペダゴジーの挑戦』大月書店、2023年。
・ベル・フックス、里見実監訳『学ぶことは、とびこえること――自由のためのフェミニズム教育』ちくま学芸文庫、2023年。
・Candace West,and Don H.Zimmerman,“Doing gender,”Gender & Society,1(2),1987,pp.125–151.

コ　ラ　ム　1

サブカルチャー・文学にもジェンダーが潜んでいる

福田　泰久

映画「プラダを着た悪魔」（2006年）の続編企画が進行中のようです。前作はファッションに疎いジャーナリスト志望のアンディ（アン・ハサウェイ）が、その足掛かりとしてファッション雑誌「ランウェイ」のカリスマ編集長ミランダ（メリル・ストリープ）の第２アシスタントとなり、彼女の理不尽な要求に押しつぶされそうになりながらも、次第にファッション業界の仕事の面白さに目覚めてゆく成長物語でした。

この映画をどのように受け止めるかは様々ですが、ジェンダーの観点から考える際、アンディの「成長」は重要なポイントです。第２アシスタントという肩書きから想像される薄給に加えて、上司のパワハラやブラックな労働環境の中で、なぜアンディは仕事の面白さに目覚めることができたのでしょうか。新自由主義経済の下、服飾や音楽といったクリエイティブ業界において低賃金で搾取されるアンディのような（有期雇用の）女性労働者の分析を行なってきたアンジェラ・マクロビーは、『クリエイティブであれ─新しい文化産業とジェンダー』（2023年、花伝社）の中で、「社会福祉のない仕事に対する刺激的に思える補償は「クリエイティブであること」という個人的な報酬である」（65ページ）と指摘しています。つまり、フルタイムで働く男性労働者とは異なり、パートタイムの女性労働者はクリエイティブ産業に従事する「イケてる」女性像を内面化し、やりがいある仕事をしているかのように錯覚する（あるいは自己暗示をかける）ことで、その脆弱な社会福祉に目をつぶっているのです（アンディが“I love my job, I love my job…”と自らに繰り返し言い聞かせる場面を思い起こしましょう）。

とはいえ、映画はアンディが業界を去るところで幕を閉じます。アンディは新自由主義経済と結託したクリエイティブ業界のジェンダーギャップに楔《くさび》を打ち込んだのでしょうか。次回作の展開が楽しみです。

第3章

愛という名の暴力

――デートＤＶの背景、メカニズムと予防

水野 礼

交際相手が暴力をふるってくるという相談を子どもたちから受けたら、あなたならどうしますか。恋人同士の交際関係のなかで起こるＤＶが昨今、大きな問題となっていますが、この背景にはジェンダー規範があります。ジェンダー規範とは、役割、振る舞い、選択などの多くの面で身体の性的特徴を基準とする性についてのものの見方のことです。本章では、主に中・高生の恋人関係での加害と被害に焦点を当て、ジェンダー規範と学校という視点からこの問題を考えていきます。

1 デートＤＶとは

一般的にＤＶ（ドメスティック・バイオレンス）は、婚姻カップルに起こり、男性から女性にふるわれる暴力であるという誤解されたイメージが持たれているようです。内閣府男女共同参画局は、ＤＶについて「日本では「配偶者や恋人など親密な関係にある、又はあった者から振るわれる暴力」という意味で使用されることが多い」（内閣府男女共同参画局、２０１６年）と説明しています。ＤＶは、婚姻関係にあるカップルのみならず、恋人同士という関係のなかでも起こりますし、同性カップル間でも起こります。さらに、男性が女性から暴力を受けることも少なくありません。

このような、親密な関係のなかで起こる暴力には婚姻カップルに起こる暴力が真っ先に思い浮かぶのですが、思春期、青年期の若者の交際関係のなかで起こるものをこれと区別し、「デートDV」と呼ぶことがあります。

認定NPO法人エンパワメントかながわが行ったデートDVの全国実態調査では、調査に回答した交際経験のある中・高・大学生の38・9％がこれまでに何らかのデートDVの被害を経験しており、女性についてはおよそ2人に1人（44・5％）、男性についても約3・5人に1人（27・4％）が何らかの被害を経験している（棟居、2017年、26ページ）という結果が示されています。このことからわかるように、デートDVは決して珍しい現象ではないのです。

2 様々なデートDVのかたち

デートDVは、大きく分けて、殴る蹴るなどの「身体的暴力」、性行為の強要や避妊に協力しないなどの「性的暴力」、大声で怒鳴る、暴言を吐く、友人との付き合いを制限するなどの「精神的暴力」に分類されます（内閣府男女共同参画局、2016年[(1)]）。

このようにデートDVは必ずしもパートナーの身体に直接危害が加わる暴力に限定されません。この現象について、英語圏では“intimate partner maltreatment”（親密なパートナーへの虐待）という語が使われることがありますが、これはパートナーに危害を与える言動全体に射程が置かれているからです。身体的暴力や性暴力では男子児童生徒が加害者に、女子児童生徒が被害者になることが多いと言われますが、友人関係の制限やスマホのチェック、「〇〇しないと別れる」などと脅されるといった精神的暴力の被害は男子にも多く見られます。

後者のような身体に危害が及ばないタイプの加・被害についてどう感じるのかを若者に問うと、しばしば「暴力とは言えないのではないか」という反応が返ってきます。これらは若者にとって「恋人同士にはよくあること」であるがゆえに、加害者、被害者ともに自身の行為や置かれた状況を加害、被害として認識しにくいのです。それくらいにDVが若者にとって身近に起こりうることなのです。

皆さんも、「(元)交際相手の男・女による……」の文言からはじまる殺傷事件についての報道を目にしたことがあると思います。DVは離別後も被害が続くことがあり、さらには被害者がPTSDに罹患する、自殺してしまうといった痛ましい事件にも発展しかねないのです。

3 改めて「デートDV」とは？
――ジェンダー規範という視点から考える

心理学者の野坂祐子さんは、デートDVについて「過去もしくは現在の親密なパートナーに対して権力(パワー)と支配(コントロール)を維持するために行われる暴力的かつ強制的な行動パターンであり、精神的、身体的、性的、社会・経済的暴力を伴い、脅迫、隔離、威嚇などを含む。暴力は偶発的に起こるものではなく、パターン化された行動であるのがDVの特徴であり、パワーの不均衡を基盤とした支配関係である。」（野坂、2021年、81ページ）と説明しています。
ここでは男／女であるならば「○○であるべき」といったジェンダー規範という観点からDVについて、中高生のカップルによく見られるケースを取り上げながら考えてみましょう。(2)

ケース❶　男子生徒に対する女子生徒からの精神的暴力

ある男子生徒は、パートナーの女子生徒から「すぐに会いに来てくれないと死ぬ」などと脅されることが続きました。彼は彼女のこの言動に耐えられなくなり、別れを切り出したところ「別れるなら死ぬ」と言われ、目の前で手首を切られてしまいました。それ以来、彼は彼女が再び自殺を計ることを恐れ、別れたくても別れられない恋人の顔色をうかがいながら生活しています（精神的DV）。

このように、パートナーによる言葉や行動による脅しでコントロールを受ける精神的DVは、女子のみならず男子も被害に遭うことが少なくありません。このような被害に遭ったとき、男子は「男は強くなければならない」、「男だから恋人を守らないといけない」などと考えて無理を重ねてしまうかもしれません。一方、女子加害者の背景には女性は男性よりも弱いという受動性を善しとするジェンダー規範と、これへの甘えがあるということがうかがわれます。

ケース❷ 女子生徒に対する男子生徒からの性的暴力

ある女子生徒は、パートナーの男子生徒から裸の写真を送るよう迫られています。「俺のことが好きならできるはずだ」、「送らないなら別れる」などと脅されています。こんなことは親には相談できません。ふと、担任の先生の顔が思い浮かびました。しかしやはり先生に相談はできません。なぜなら、彼女の通う学校には「交際禁止」の校則があるからです。

ジェンダーに基づく様々な不平等が解消されていない本邦において、男女のカップルが対等な関係を結ぶことは、実は簡単なことではありません。弱い女性は男性によって支えられねばならないというジェンダー規範もまた、対等なパートナーシップを妨げ、パートナーから女性が受ける性暴力にもつながりえます。女子児童生徒が望まない性行為をパートナーから強要されたり、頼んでも避妊に協力しないといったこと―カップル間レイプ―は決して珍しくありません。こうした性行動も我々が成長の過程で身に付けてきたジェンダー規範と密接に関係しているのです。

さらに、ＤＶの加害・被害の背景には「恋愛行動規範」と呼べるような隠れた規範を背景にしていると考えられるケースに出会うことがあります。これは「付き合っているのであれば○○するのが当然だ」という交際関係のあり方に対する規範ですが、そのなかには「付き合っているのであれば性行為を伴うのが当然である」という性行為中心のカップル観が含まれています。このような規範を、青少年はインターネットや漫画などのメディアを通して学習してしまうのです。

子どもたちは、思春期に性的にも身体の成長を迎え、「付き合っているのであれば性行為するのは当然」という隠れた規範をも知らず知らずのうちに学習していきます。こうして性成熟と男女のジェンダー規範が絡み合っていきます。このことは、デートDVがひとたび起きると、加害者、被害者ともに自分たちの言動のどこに加害や被害があるのかをわかりにくくすることになります。

このような主張をすると、「寝た子を起こして」性欲を高揚させるようなことは教えるなと言っているように思われるのかもしれませんが、ここではむしろその逆のことを訴えたいと考えています。第二次性徴をむかえた子どもたちは、すでに「起きて」います。しかし、彼らが持つ知識は必ずしも正しいものではなく、むしろ、メディアなどを通して誤った、歪んだ知識を学習し、これまで身に着けてきたジェンダー規範に従うがゆえに加害や被害に至っているかもしれません。

この視点から見れば、ジェンダー規範が当たり前であった子ども時代を経験した私たちは、これに基づく差別や暴力を、そうとは知らずに支えてしまっていると言えるのです。

4 デートDVのメカニズム

愛憎という言葉があるように、恋愛関係では多くの人が時にはパートナーに対して疑心暗鬼になったり、イライラしたりするものです。恋人同士という関係であるからこそ、パートナーと自分との間の境界線が揺らぎやすく、否定的な感情が生じた時に自分の言動のコントロールが難しいことがあります。このようなことは、恋愛感情を経験する人のほとんどが体験しますが、心理学的・精神医学的に見て問題のある場合ではDVに発展するケースがあります。

愛着理論では、人は幼児期に養育者との間で愛着関係を培い、この関係が恋愛関係に投影されると説明されることがあります。DVの加・被害者の成育歴には被虐待の経験があることも少なくないと多くの研究者が指摘していますが、DVの加害者の場合は自分を虐待してきた養育者の立場で、DVの被害者の場合は虐待を受けていた幼い頃の自分の立場で、養育者との関係を再演することがあるのです。

児童虐待には殴る蹴るなどの身体的暴力や、育児放棄や食事を与えないといったネグレクトのみならず、暴言を繰り返す、(しばしば性別を理由に)兄弟姉妹と著しく差別するなどの精神的虐待もあります。また「虐待とまでは言えない」と感じられがちなもの、たとえば幼い頃十分に甘えることができなかった、過保護や過干渉、過度な放任などで傷つく経験を繰り返してきている、何をしても咎《とが》められず甘やかされて育ってきている場合などもあります。とりわけ精神的虐待、放任主義、過干渉は家庭の外からは見えにくく、現在でもその家庭のしつけや教育の方針として捉えられることがありますが、こうした虐待は子どもの心を大きく傷つけます。

こうした成育歴を持つDVの加害者は、あたかも幼児が親に対してするような形でパートナーに要求を投げつけ、自分の要求が通らないと暴力に至ります。「自分を怒らせる恋人が悪い」と感じ、暴力でパートナーを支配し、コントロールすることは正しく、それはむしろ愛情表現であるとさえ考えてしまいます。加害者は自分こそが被害者だと思い込んでいるのです。

もちろん問題のある成育歴を持たない子どもが加害や被害にいたることも少なくありません。特に加害者の場合、人当たりの良い子がパートナーの前では豹変《ひょうへん》しているケースが目立ちます。加害者なりに過去に心を傷つけられる経験があったり、自己肯定感を持てないといった問題を抱えていることがあり、平時は「良い子」を演じていても、自身の否定的な感情やイライラを自分の思い通りにできる相手であるパートナーに暴力をふるうことで解消している場合もあります。

また、ＤＶの加害者に被虐待経験がなくても、暴力が頻発するコミュニティのなかで成長してきている場合、葛藤を解消したり、要求を通すために暴力を行使することは当たり前のことだと学習してきてしまっているので、パートナーが思い通りにならないと暴力をふるうことがあります。

被害者にも「無茶な頑張り」が見られることが少なくありません。自分が努力し、耐えさえすればうまくいくのだという思い込みから、「恋人は自分が支えてあげないと潰れてしまう」「自分が頑張れば立ち直ってくれる」などと考え、いわゆる「共依存」状態となってしまうのです。

5 デートDVへの介入の難しさ

DVはたとえば、はじめはスマホのチェックのような小さな言動から始まります。それに引き続いて、友人関係を制限し、気に入らないことがあると殴るようになります。被害者が別れを仄《ほの》めかすなどすると、加害者は被害者に対して反省の態度を見せ、優しい態度をとるようになります。被害者は加害者のこのような姿を見て「今度こそ変わってくれる」と考え、別れを踏みとどまって交際を続けている間に、加害者の内側に次の暴力の素となる否定的な感情が少しずつ蓄積されていきます。そして何かのきっかけで爆発した加害者は、再び暴力をふるうようになります。

DVはいちど限りカッとして怒鳴ってしまったというような一過性のものではなく、反復し、次第にエスカレートします。これが「DVのサイクル」と呼ばれる現象です。加害者が優しく理想的な恋人である時期と、暴力をふるう時期とが交互に繰り返されることで、加害者と被害者の間に外傷的絆（traumatic bonding）と呼ばれる歪んだ癒着関係ができてしまうことも少なくありません。このことで、被害者はいっそう加害者と別れ難く感じることとなってしまいます。

配偶者間DVとは異なる、デートDVならではの特徴について、先述の野坂さんは「デートDVの場合、配偶者間のDVと異なり、社会的要因で別れられないのではなく、相手への恋愛感情やみずからの自責感といった個人的な要因から暴力的な関係性が維持されている」（野坂、2021

年、82ページ）、「家庭や学校で交際を禁じていたり、未成年が性的な関係をもつことを非難する価値観や規範があったりすると、デートＤＶの「ＤＶ（暴力）」ではなく「デート（交際関係）」の部分が問題視され、暴力への介入やケアがなされない。若者はＤＶを打ち明けるどころか、交際関係そのものを隠さざるを得ず、閉鎖的な関係性が暴力のリスクをさらに高めてしまう。」（野坂、２０２１年、82ページ）と指摘します。

　これは、たとえば、被害者がカップル間レイプ等の重篤《じゅうとく》な性暴力を受けている場合であっても、加害者のことが好きだからという理由で別れられず、その被害の経験を「大人には相談できない性交渉」として捉えてしまうことで、誰にも相談できなくなってしまうということです。

　また、交際を禁止する校則のある学校に通っていると、スクールカウンセラーなどの職員にも相談できないということがあります。というのは、たとえそのような相談支援専門職者であっても学校に配置されている職員ですから、被害者にとっては自分の秘密の情報を握る身近な学校関係者にほかならないからです。こうして深刻なＤＶへと発展していくことになります。

　これと同様のことは同性カップル間ＤＶにも該当します。ＬＧＢＴＱの被害者は親を含めた周囲の人に自身の性的指向を隠していることが多いです。被害から逃れるための支援を受けるには、望まないカミングアウトをせねばならないので、なかなか相談に踏み切ることができません。大人でさえ助けを求めるのが困難な状況であるのに、中・高校生のＬＧＢＴＱであればなおさらのことです。

6 デートDVの予防と介入
――学校に期待されること、そしてこれからの性教育

デートDVを解決する糸口はないのでしょうか？　保護者や医療関係者だけでなく、子どもたちと日々直接関わる学校関係者こそ、ひとりひとりの子どもを、現在もまた将来にわたって加害者にも被害者にもしないための予防の「入口」に、そして万が一にも被・加害が起こってしまったときには問題解決のための介入の「入口」になることができると考えます。

まず女性に対する啓発の進展にともない「デートDV」について知る女子児童生徒が増えましたが、これを知らない男性児童生徒は少なくありません。また、子どものみならず教員をはじめとする大人であっても、「殴る、蹴る」ではない暴力、たとえば友人関係の制限、パートナーの同意なき性交渉、「自殺する」などの脅しがDVであるということは知らないことがあります。

もともとパワーバランスが等しくない人間関係のなかに対等な同意は成り立ちません。加害者は同意のうえでの行為と思い込んでいるが、他方で被害者は「実質的には強いられて」暴力を受けているというケースも少なくありません。しかし、自分がされていることが暴力的な言動だと知らなければ、「助けを求める」という発想にはいたりにくいものです。早い段階でどのような行為が暴力に該当するのかの知識を得ることが必要なのです。

加害や被害に該当するような言動を、子どもたち自身が暴力であると認識するための「予防の

入り口」として、DVについて正しい知識を知らせ、理解させる取り組みが必要です。これには、同世代の子どもの加害・被害の具体例が提示されている動画教材を視聴させ議論する機会を設ける、目で見てわかりやすい若者向けのDV啓発ツール(3)を様々な場所に掲示し、繰り返し目にいれさせることで意識をさせるなどの取り組みが考えられます。

また、DVに関する情報や施策は、どちらかといえ女性が男性から被害を受けるという前提で作られ発信されています。たとえば駅や公的機関の女子トイレにはしばしばDVに関する相談機関を周知するためのカードが設置されていますが、男子トイレに設置されているケースはまだごくわずかです。得られる情報量に男女格差が生じてしまっているのです。そのうえ、LGBTQの児童生徒には、ほとんど全ての情報が異性愛を前提としているように見えてしまい、「自分には関係のない情報」として受け取るだけかもしれません。加害と被害の両方が、男子児童生徒もLGBTQの児童生徒も「わが事」として捉えられるようになる必要があります。

デートDVの解決へ向けた取り組みと緊急時の連携

情報を知らせ、理解させたうえで、今度は子どもたちからSOSを出してもらえるようにならなければなりません。これには「問題解決の入り口」になりうる「この人であれば話してみよう」と子どもたちから思われる大人、つまり具体的な相談や支援の一歩手前で子どもの危機をキャッチし、必要があれば他職種や他の機関と連携をするきっかけを作る役割の大人が学校に必要です。

多くの大人が経験してきたように、思春期の子どもたちは大人に不信感を持っていることも少なくありません。親や先生に心配をかけまいとし、自分の置かれた状況を話そうとしないこともあると思います。とりわけ性暴力や同性カップルにおける問題は、性質上語ることが困難です。

悪気がなかったとしても「男子だから」「女子だから」「子どもだから」「そんな恰好」などと、性別や年齢、ファッションを理由にする必要がない場面でそれを持ち出す大人に対して、子どもが自分や友人のデリケートな話をする気になるでしょうか。子どもたちは「被害に遭ったのはお前が悪いと言われるに違いない」などと思って話すことができないだけかもしれません。

大人が気を配り努力をしても、被害に遭っている児童生徒はなかなか自ら話をしてくれないかもしれません。しかし、当事者の周囲の子どもが異変に気づいて知らせにきてくれたり、子どもたちとの雑談がヒントとなり、児童生徒の被害に気づくことができるかもしれません。

もしDVの発生に気づき、加害者、被害者の双方から聞き取りをする必要がある場合、別々に行う必要があります。DVを偶発的な喧嘩のように捉え、ふたりを同室にして話を聞こうとすると、被害者が自身の置かれている状況を正直に話すことができなくなってしまいます。

子どもから相談内容を「他の先生（職員）には内緒にして」と口止めされるかもしれません。このような場合、原則的には本人の同意なく情報を共有することは控えるべきです。情報共有が必要であると判断した場合、できうる限り本人の許可を引き出す努力が必要となってきます。

しかし、すでに日常的に殴る蹴るなどの暴力や、性暴力を受けているなどの重篤な被害が発生している場合、明らかにそのような深刻な被害が差し迫っている場合、自殺念慮《ねんりょ》などがあり、児童生徒が自分自身を著しく傷つけたり、生命の危機が差し迫っているなどの場合、子どもから直接話を聞いた教員・職員ではどう対応すべきか判断がつかず、管理職者の指示が必要であるにも関わらず、本人の許可を得ることが困難な場合は、必ずしもその限りではありません。ただし、被害児童生徒との信頼関係を保つためにも、共有した情報は慎重に扱う必要があります。

このような場合、その教員・職員がひとりで抱え込もうとせず、配置されているスクールカウンセラーやスクールソーシャルワーカーなどの相談支援専門職者、養護教諭などの他の教員と連携をとりながら被害者を支える必要があります。なぜなら、すでに学校内だけで収められる問題ではなくなっており、場合によっては司法や医療との連携も必要となってくるからです。

将来の性教育に望まれること

これまで述べてきたことと共に、子どもたちが正しい性知識、ジェンダーやセクシュアリティに関する知識を得ることができ、男女二分法に縛られず、人生における選択、パートナーとの関係などの諸課題について自分の頭で考える経験が可能な取り組みが必要です。これを多くの子どもを対象として行うことは学校だからこそ可能であり、有効性の高いものとなると考えられます。

将来の性教育は子どもたちを大人たちの都合で作られた規範によって押さえつけるようなものであってはなりません。大人都合の規範で子どもたちを縛り付けてしまうのであれば、彼らは将来、親密な関係を持つこと自体を恐れてしまいかねません。彼らがこの先に出会うであろう親密な身近な人たちとの人間関係を豊かにし、人生を充実させるものでなければならないのです。

人の心には決して飼いならすことのできない領域が存在します。愛も暴力もその領域に住まうものです。そのような人の心の性質上、ＤＶをはじめとする暴力のすべてを世の中から消し去ることはできないだろうと言わざるを得ません。しかし、大人も子どもも、各人が遠くで起きたＤＶをも「わが事」であると意識し、自分の頭でものを考え、少しずつ行動を変容させることで、ＤＶは必ず減らすことができます。そのような視点で、恋愛や親密性を捉え直してみませんか。

【注】

⑴金銭的な搾取をする（経済的暴力）を加えて４つ、行動の制限を加えて５つに分類する場合もあります。詳しくはwithセイシル 性教育お役立ちプラットフォーム「デートＤＶチェッカー」10代にデートＤＶを伝えるには（https://with.seicil.com/blogs/news/2023-6-2）などを参照のこと。

⑵以下に取り上げた２つのケースは本稿執筆時に筆者が作成した架空のものです。

⑶青少年にデートＤＶについて伝えるツールとしては、注⑴の「デートＤＶチェッカー」のようなものがあります。

【参考文献・資料】

・内閣府男女共同参画局　配偶者からの暴力被害者支援情報―ドメスティック・バイオレンス（ＤＶ）とは―（https://www.gender.go.jp/policy/no_violence/e-vaw/DV/index.html）、２０１６年。

・同　配偶者からの暴力被害者支援情報―ドメスティック・バイオレンス（ＤＶ）とは―暴力の形態―（https://www.gender.go.jp/policy/no_violence/e-vaw/DV/02.html）、２０１６年。

・野坂祐子「デートＤＶにみる支援と社会の課題―個別支援からコミュニティの介入へ―」「こころの科学」２１９号、日本評論社、２０２１年、81～87ページ。

・棟居徳子「Ⅲ 考察　デートＤＶの実態から今後の課題を考える―予防教育と被害者支援の必要性―」『デートＤＶ白書ＶＯＬ．５　全国デートＤＶ実態調査報告書』、認定ＮＰＯ法人エンパワメントかながわ、２０１７年、25～30ページ。

第4章

学校現場で起こるセクシュアル・ハラスメント

――「学校文化」の「男性性」を問う視点から考える

虎岩　朋加

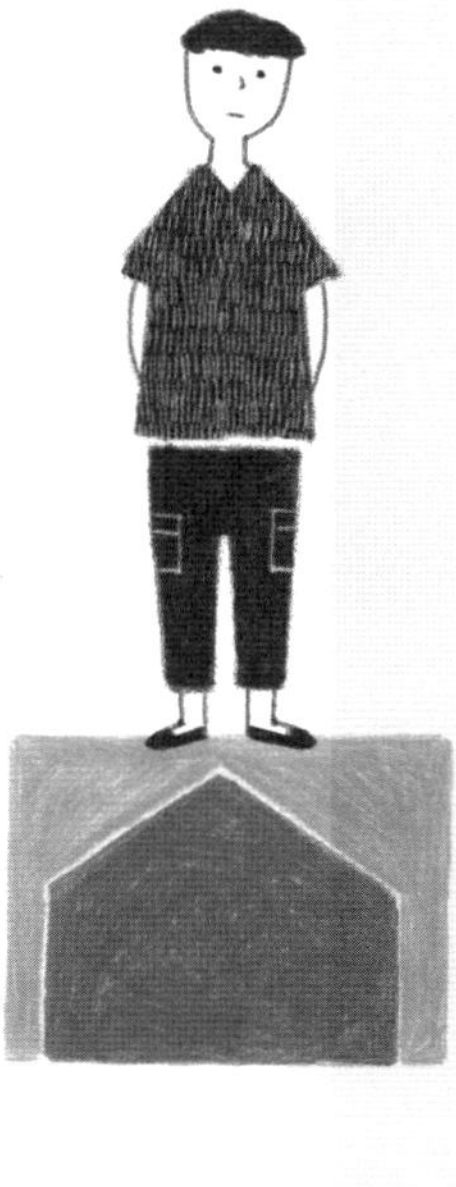

一般的に、日本でのセクシュアル・ハラスメントは「雇用」の分野で語られます。セクシュアル・ハラスメントについて規制をおこなっているのは「雇用の分野における男女の均等な機会及び待遇の確保等に関する法律」（通称：男女雇用機会均等法、１９８５年制定）であり、事業主に対して従業員がセクシュアル・ハラスメントをしないように防止すべき義務を負わせています。

男女雇用機会均等法ではセクシュアル・ハラスメントは以下のように定義されています。

第11条第1項　事業主は、職場において行われる性的な言動に対するその雇用する労働者の対応により当該労働者がその労働条件につき不利益を受け、又は当該性的な言動により当該労働者の就業環境が害されることのないよう、当該労働者からの相談に応じ、適切に対応するために必要な体制の整備その他の雇用管理上必要な措置を講じなければならない。

この条文では、「職場において」「性的な言動」により、労働者が不利益を受けたり、その労働者の就業環境が害されたりすることのないように、事業主に必要な措置をとることを求めています。職場でのセクシュアル・ハラスメントは、「環境型」と「対価型」に分かれます。前者は直接に利益や不利益をもたらすものではなくても、「性的な言動」により職場の雰囲気が悪くなったり、働きにくくなったりするものを言います。例えば、職場のパソコンのデスクトップの背景を裸のグラビア写真にして、それが周囲に見える形で提示されている、などがあるでしょう。後者については、「性的な言動」を受け入れた場合には待遇を良くしたり、拒否する場合は降格させたり待遇を悪くしたりするようなものです。

セクシュアル・ハラスメントの法律的な取り扱いは、主に職場を念頭に置いています。しかし、教育の場におけるセクシュアル・ハラスメントは以上に加え、学校という文脈の特徴を理解した上で語られなければならないように思われます。

本章では、二つの観点を据えて学校という文脈におけるセクシュアル・ハラスメントを考えます。一つ目の観点は、学校は教える者と教えられる者という非対称的な関係性を前提としていることです。二つ目の観点は、学校が「男性性」を基盤として、男性中心主義的な構造から成立しているということです。本章において「男性性」とは、ある時代のある社会において男性にふさわしいとみなされる役割や行為や特性を意味します。現在主流となっている「男性性」は男性の行動文化や、男性の支配的地位を支える価値全体を構成し、結果的に男性優位な社会構造を再生産する土台となっています。一つ目の観点は、ハラスメントが起こる構造と学校の構造の親和性を考えることを可能にします。二つ目の観点は、教員や児童・生徒の言動がどのようにジェンダーやセクシュアリティの規範を再生産し、その規範がどのように文化としてのセクシュアル・ハラスメントを許容しているのかを考えることを可能にします。

セクシュアル・ハラスメントという言葉をめぐっておこなわれる議論をまずは整理しましょう。

1 セクシュアル・ハラスメントという言葉

セクシュアル・ハラスメントは「相手を不快に思わせる性的な言動」と理解されています。日本語ではセクシュアル・ハラスメントを「性的嫌がらせ」とも訳してきました。「harass」は本来、繰り返し攻撃する、攻撃的な圧力や脅迫にさらすという意味を持っています。セクシュアルがつけば、それは、繰り返される攻撃や脅迫や圧力が性的なものであるということです。

セクシュアル・ハラスメントを意味する「相手を不快に思わせる性的な言動」のうち、まず注目したいのは「相手を不快に思わせる」という部分です。不快に思う、思わないは主観的なものです。ですから、どのような言動がセクシュアル・ハラスメントとみなされるのかという疑問が発せられることがあります。この疑問は、どこまでをセクシュアル・ハラスメントとみなすのか線引きしようとするものと言えます。行為の中身を同定する意図があります。嫌がらせ行為の内容を一覧として挙げていくことになりますが、すべての人の同意を得ることは不可能です。

同じ行為であっても、ある人にとっては不快だが、別の人にとっては不快ではないということもあります。セクシュアル・ハラスメントを語るのが難しいのは、セクシュアル・ハラスメントという言葉にどのような具体的な行為が含まれるかが明確ではないことが関係しています。セクシュアル・ハラスメントは必ずしも男性から女性におこなわれるのではありません。女性が女性に、男性が男性に、あるいは女性が男性におこなう場合もありえます。行為者も内容も特定できないところに、セクシュアル・ハラスメントの難しさがあります。

また、ある言動がハラスメントとみなされるかどうかを判断する際にもう一つ視野に入れなければならないのは、加害者と被害者という関係性を成立させる権力関係です（山本、2020年、62ページ）。「相手を不快に思わせる」ことは、上下関係がなくとも成り立つものです。ハラスメントとみなされるには、不快に思わせる言動が立場的に上の者から下の者になされるということが条件となります。だからといって、同じ仲間同士で相手を不快に思わせる言動が許されるわけではありません。ただ、上下関係にある場合、特に下の立場に置かれるものは、「不快」であることを「不快」であると伝えにくい、したがって、我慢を強いられることもあるということです。声を上げることで不利益を被るかもしれないという恐れがあるからです。

さて、セクシュアル・ハラスメントを理解するにあたって要点となるのは、「セクシュアル」の部分です。セクシュアル・ハラスメントは、ジェンダーやセクシュアリティについてなにが「当たり前」と思われているかが関係しているということを示しているからです。このことについてとてもわかりやすく説明しているのが、ジェンダー法学の研究者、山本千晶さんの「セクシュアル・ハラスメント」の論考です（山本、2020年）。山本さんは、セクシュアル・ハラスメントのいわゆる「グレー・ゾーン」と呼ばれる行為を見ながら、セクシュアル・ハラスメントがジェンダーやセクシュアリティの規範と関係していることをわかりやすく説明しています。

例えば、「ジェンダー」や「セクシュアリティ」に関して「当たり前」として考えられているものに、「結婚したら子どもをつくる」というようなものがあります。結婚している人に「お子さんは?」と聞いたとしましょう。この言葉は、どんな人にとっても不快に感じられるとは言えません。しかし、不快に感じる人もいます。なぜでしょうか。山本さんは、子どもの有無を聞くことが、単に家族構成に関する情報だけでなく、カップル間の性行為の有無を含むものであることを指摘しています(同、68ページ)。したがって、子どもの有無を聞くことは、日常的に性行為があるのかどうか、あるいは性行為がうまくいっているのかどうかという問いも含意するのです。だから不快と受け取る人がいるわけです。

さらに、一方に不妊をもっぱら女性の側の生殖機能の問題とする社会通念があり、他方に男性は性行為を生殖行動として自覚することはほぼないという現実があります。この背景には、女性と男性のそれぞれのセクシュアリティの規範があります。山本さんは男性学研究者の田中俊之さんの議論に依拠しながら、子どもがいないことは男性にとって女性を妊娠させる能力がない、すなわち、「性的能力の欠如」というスティグマ(負の烙印《らくいん》)となる可能性を指摘しています(同、68ページ)。「お子さんは?」という言葉は、特に立場の上の人からなされる場合に、自らの「性的能力の欠如」を疑い、スティグマを貼りつけるものとみなされる可能性があるということです。したがって、セクシュアル・ハラスメントとして経験されうるのです。

セクシュアル・ハラスメントと言えるかどうかの難しさは、ジェンダーやセクシュアリティをめぐる規範と関係している――つまり、性をめぐってどんなことが社会通念となっているのか、どんなことが「当たり前」とみなされているのかと関係していることが、以上の説明から明らかになったでしょう。「社会通念」や「当たり前」は、社会を生きていく上でそれほど多くの障壁にぶつかることのない人たち――社会的マジョリティを基準にして作られています。「社会通念」や「当たり前」は現状を維持することに役立ちますが、現状はしばしば異なる属性の人たちをマジョリティの価値観に従わせたり、下の立場に置いたりすることも事実です。

2 学校でのセクシュアル・ハラスメント

学校におけるセクシュアル・ハラスメントは、スクール・セクシュアル・ハラスメントと呼ばれます。スクール・セクシュアル・ハラスメントは特に、教職員と幼児・児童・生徒との間、児童生徒間、教員間、児童生徒から教員、教員と保護者の間におけるセクシュアル・ハラスメントを指します。２００１年から「関東地区私立大学教職課程研究連絡協議会」が、教育実習でのセクシュアル・ハラスメントの実態調査をおこなってきました（内海﨑他、２０１９年）。

ジェンダー平等教育の研究者、内海﨑貴子さんを中心とする研究グループは、スクール・セクシュアル・ハラスメントを８つの型に分けています。それらは、①刑法の強制性交／わいせつ等に触れる行為に当たる犯罪型、②マッサージや指導方法として故意に身体に触れる身体接触型、

③児童生徒に性的羞恥心《しゅうちしん》を引き起こす懲罰型、④着替えをのぞく／水着姿や身体検査時にじっと見るなどの観賞型、⑤体型や容姿に関することをいう／いやらしい目で見るなどのからかい型、⑥修学旅行の持ち物検査／生理時かどうか確認するなどのプライバシー侵害型、⑦「男らしさ」「女らしさ」を強要するジェンダー型、⑧メールやＬＩＮＥで性的な言葉や画像を送るなどのＳＮＳ活用型です（内海﨑他、２０１９年）。

メディアでは、学校での教員によるわいせつ行為について報道されることがあります。例えば、児童の着替えやお手洗いでの盗撮などが挙げられます。刑法上では12歳以下の子どもに対する行為に関しては脅しや強制を伴わずとも、強制わいせつとされています。また２０２１年に「教育職員等による児童生徒性暴力等の防止等に関する法律」が公布されています。本法律は、主にわいせつ行為により免職となり免許が失効した教員に対し再交付を拒む権限を都道府県教育委員会に与える目的で制定されました。本法律において、性暴力は第2条で①児童生徒等に性交等をすること又は性交等をさせること、②児童生徒等にわいせつ行為をすること又はわいせつ行為をさせること、③刑法第１８２条（面会要求、自撮り要求等）、児童ポルノ法、性的姿態撮影等処罰法違反の行為、④痴漢行為又は盗撮行為、⑤児童生徒等に対する悪質なセクハラとしており、刑事罰とならない行為も含み、児童生徒等の同意や暴行・脅迫等の有無は問いません。

この法律は刑法上の犯罪行為のみならず、「悪質なセクハラ」も含めて性暴力としていることがわかります。ただし、「悪質なセクハラ」も含めた性暴力は、「悪質でないセクハラ」と異なるものとしてみなされるべきではなく、また、上記に含まれない「セクハラ」を瑣末《さまつ》なもの、見逃してもいいようなもの、日常で起こりうるもので仕方ないものとして扱うべきではありません。「悪質でないセクハラ」も（「悪質」と「悪質でない」の境界線をどう引くかという問題は別として）、被害者にとっては「セクハラ」であり性的攻撃であり、その日常を中断させ、甚大な影響を及ぼすものだからです。ここで理解しておきたいのは、日本の学校における性暴力は「セクハラ」を可能にするものと同じ土台の上にあるということであり、その土台とは学校という制度を成立させている権力関係の二つの軸です。権力関係の二つの軸は、教える者として持つ児童・生徒・学生に対して持つ権力と、もう一つは「男性性」の学校文化が生み出す権力です。

3 学校の権力関係とセクシュアル・ハラスメント

一つ目の教える者が教えられる者に対して持つ力のうち、ハラスメント、すなわち繰り返される圧力や攻撃であって、それを受けるものに永続的な否定的影響を与える言動と直接に関係する力の側面は、教える者が教えられる者を評価することにともなうものです。教員は学級や学年や学校という集団だけを相手にしているのではありません。それぞれの子どもと個別の関係を築き、教員として各自を指導・助言するという力も与えられています。そのような個別の関係性をそれぞれの子どもと持つことを許されており、さらに、自らを評価する権力を与えられている教員と向き合う子どもの観点を想像してみましょう。教員は、その子どもにとって自分の全てを統制することのできる絶対的な力を持つ者として意識的にも無意識的にもとらえられうる存在です。

二つ目の「男性性」の学校文化が生み出す力についてみていきましょう。ジェンダーを研究する教育社会学者の木村涼子さんは、学校教育が種々の不平等を再生産する装置として機能し、その再生産を順調にすすめるために必要とされるのが、学校教育における管理統制であると指摘しています（木村、２００６年）。この管理統制は、体罰のみならず「指導」も含めて社会秩序を再生産する「暴力」として働いていると木村さんは論じます。例えば学校は「多様な子どもたちを『男』『女』の二分法でするどく切り分け、さらには男子を優先させることによって、男女の序列のメッセージを繰り返し伝達する生活空間をつくりだ」しています（同、33ページ）。それを木村さんは子どもを制限し抑圧する「暴力」とみなしているのです。さらに、ＮＨＫドラマ「虎に翼」の時代考証も務めた教育社会学者の前川直哉さんは、木村さんの指摘する学校文化の中の「暴力」を「男性性」の問題であると指摘しました（前川、２０２４年）。子どもに対する大声の指導、子どもへのにらみつけ、「なまいき言うな」という声がけ、生徒から言い返されると立腹する、生徒が話しかけても返事をしないなどといったことが、ＤＶ（ドメスティック・バイオレンス）研究における夫婦や恋人同士の間で起こる暴力と相似形をなすとして、ありふれた教員の行為が全て「ＤＶ研究において暴力と見なされる行い」であるというのです（同、６ページ）。「生徒を『導きたい』という教員の熱意のすぐそばに、暴力はある」と前川さんは言います（同、7ページ）。特にジェンダーの観点を取り入れると、「男性として育てられた者の方が、女性として育てられた者よりも、より暴力を身近なものとしやすい」と述べ（同、9ページ）、男性の身近に暴力があることを指摘しています。「日本の学校そのものが、暴力を内包する男性性に依存している可能性」があるのではないかと論じています（同、11ページ）。

ここから三つのことが言えます。まず、教員が発揮する力は、暴力に非常に近いものになり得るということです。その意味では学校においてあらゆる形態のハラスメントが起こりうる背景に、教員が指導や評価において行使する力と暴力の近しさがあると言えます。これは、教育社会学者の内田良さんが、教育は「ハラスメントとしての性格を内包している」と指摘するものでもあります（内田、2019年、6ページ）。

二つ目は、教員としての子どもへの権力行使は、社会における既存のジェンダー秩序とそれに基づく男女の関係性を伝える可能性があるということです。これは女性にとっては、特定の女性らしさや女性としてのふるまいを期待したり伝えたりすることとして作用するかもしれません。セクシュアル・ハラスメントを考える文脈において重要なのは、子どもへの権力行使は、女性にとっては、性的なまなざしを向けられることや、性的な対象としてみなされること、また、そうした性的な存在としての女性という理解に基づくからかいを許容するものとしても作用しえるという点です。例えば、大阪府教育委員会による『教職員による児童・生徒に対するセクシュアル・ハラスメントを防止するためにQA集』（2003年）にはセクシュアル・ハラスメントの事例として「スリーサイズを聞くなど身体的特徴を話題にする」「生理を理由に授業等を休む児童・生徒に対し、月経周期等を必要以上に質問をする」「ちかんの被害を受けた児童・生徒に対し、『短いスカートを着ていたからだ』と被害者にも責任があるような言い方をする」などが挙げられています。これらの言動は、女性への性的なまなざしを当たり前のものとするような「男性性」のあり方に依存する教員の権力行使に基づくものと言えます。

三つ目は、教員としての子どもへの権力行使は、男性にとっては「男性性」のあるべき姿を伝えるものにもなる可能性があるということです。現代の日本社会における社会秩序は「男性」に分類される人にさまざまな資源や力が偏って配分される構造──「家父長制」の構造──となっているのは周知の事実です。この事実は、例えばジェンダーギャップ指数（世界経済フォーラム）で各国と比較したときの日本の順位の低さにあらわれていると言えるでしょう。このような構造に基づいて各ジェンダー間の力関係が規定されていると同時に、そのような構造を維持するように「男性性」が定義されています。現在の家父長制構造における「男性性」の定義とは、他者と比して自己の優位性を常に確認させるような内容を含んでいます。「弱みを見せないこと」や「弱く」見せるような感情を表に示さないこと、また、弁護士の太田啓子さんとの対談の中で小学校教員の星野俊樹さんが述べている、業績やスポーツという分野での正当な競争において勝てる見込みがないのであれば、とことん逸脱すべきであることも、他者と比して自己の優位性を常に確認させるような「男性性」と強く結びついています（太田、２０２０年、１３６ページ）。

そうした「男性性」のあり方は、「男性」には分類されないものとの関係性で定義されるものです。したがって、「〜でないものは男ではない」という観点から特定の見方が、「女性」に対して、あるいは「男らしくない男性」に対して投影されることになります。積極的・攻撃的でないものは男ではない、他者を支配できないものは男ではない、他者に対して力を振るえないものは男ではない、という考え方です。

そのような特定の「男性性」を伝えるものとして、教員としての子どもへの権力行使をとらえると、学校の中での特定の行為がなぜ見咎《みとが》められることなく、むしろ、助長されるのかがわかってきます。例えば、子どもたち同士の間でおこなわれるものとしてかつては、「スカートめくり」というものがありました。男の子が女の子のスカートめくりに興じていたら、「男の子はそういうもんだ」とか「男の子はそのくらい元気な方が良い」であるとか言われていました。学校の文脈におかれると「性暴力」とはみなされず「イタズラ」などと、その暴力性を矮小化《わいしょうか》された言葉で理解されるのです。それは、「男性性」を発揮しているとみなされているから、そのような「男性性」の発揮ができるような環境を学校文化が用意しているからではないでしょうか。

また、男の子同士の間での行為も互いの「男らしさ」を確認する行為としてあり、それらの行為が「男の子だから仕方ない」という形で許されたり、助長されたりすることもあるでしょう。男の子同士が下着の中を見せ合いっこしているとしましょう。もしかしたら、その中には無理やり参加させられている子どももいるかもしれません。仲間に加わらないと、男同士の関係性から排除されることをおそれているのかもしれない。しかし、それを「性暴力」とか「性犯罪」とかいう言葉で理解するような枠組みを私たちはもっているでしょうか。同性同士の性的関係を持たない結びつきとして理解されるホモソーシャルという男同士のつながりは、女性や「男らしさ」を欠く男性を一緒に排除する行為を通じて強化されていきます。下着の中を見せ合いっこすることがたとえ不快な感情をある児童にもたらすとしても、排除されないためにその輪に加わるということは大いにあり得ることです。このような行為は実際にはまさにセクシュアル・ハラスメントと言えるものですが、学校という文脈の中では、男の子同士の絆を深めるものとして許されているということもあるかもしれないのです。

ここで留意したいのは、本章は「男性性」を支配の関係性を生み出す学校文化の抑圧的な側面を描写する概念として使用しており、男性の本質としてとらえようとしているのではないということです。当然のことながら、どんな立場であれ、どんなジェンダーであれ、既存のジェンダー秩序に基づく支配の関係性の維持と再生産において「男性性」を行使しえます。暴力と隣り合わせにある「男性性」を伝えるものとして学校をとらえると、教員に対する児童・生徒による（セクシュアル・）ハラスメントや、女性からの男児や男子生徒に対する性暴力も説明がつきます。前者は、「男性」に分類されない者を従属する者とする理解を学校のさまざまな慣行（例えば、高学年になるほど「男性教員」が多くなり、生徒指導はたいてい「男性教員」が担当し、学校の上位職位の多くを「男性」が占めるといったことなどを含む）を通じて受け取ってきた児童・生徒が、その理解のもと、立場が弱く見える教員を支配しようとするものであるととらえられます。このような行為は、学校文化が制圧したり、管理したり、支配するという「男性性」を示して、児童・生徒の支配や暴力への欲求の芽を容認し見過ごしてきたからだとも言えそうです。また後者は、性的欲求や支配欲を示すことこそ男らしさであり、そうでなければ男ではないという考えを子どもに押し付け、そのような「男性性」に基づき行動することを子どもに強いることによって起こる暴力であるととらえられるでしょう。

学校文化は、「男性性」の「暴力」の側面をジェンダーに関係なく子どもたちに暗黙のうちに伝えてしまっているのではないでしょうか。それが、特定の子どもたちに暴力を許し、また、特定の子どもたちを暴力にさらしそれを甘受するようにしているのではないでしょうか。「男性性」を基礎に置く学校文化は、もしかしたら、他者に対する「暴力」を許し、それを自らも受け入れて、そのような暴力と親和性のある力の行使を男の子たちに求め、また、「男性」に分類されない人々に、そうした権力行使を甘んじて受け入れることを求めているのかもしれないです。そのような人間関係がセクシュアル・ハラスメントの土壌であるとするならば、「男性性」に基礎を置く学校の指導・教育の文化はセクシュアル・ハラスメントを生み出す人間関係の土台を作っているとも言えます。暴力の連鎖の連結点に学校は位置付けられるのかもしれません。

学校の特殊性は、その教育的指導と管理を通じて、既存の社会秩序を支える暴力と親和的な「男性性」を、教員自身が否応なく体現し行使していると同時に、それを無意識にせよ子どもたちに伝えていることにあると言えるでしょう。先生から子どもへの「指導」や「管理」という権力の働きかけの車輪に乗って、「男の子」や「女の子」に期待されること、「男の子」や「女の子」に当たり前とみなされることというジェンダー規範やセクシュアリティ規範が伝えられていきます。かくれたカリキュラムとして、多くの研究がこのことを論じてきました。学校はこのようにしてセクシュアル・ハラスメントの文化を生み出す機構の一つとなっているとも言えます。

セクシュアル・ハラスメントを文化として許してしまっているような社会が現在の日本社会であり、そうした文化を次世代に受け渡しているのが学校であるのだとすれば、次世代にそのような文化を渡さないことができるのも、また学校の役割の一つです（虎岩、2023年等を参照）。先に述べたとおり、家父長制は既存の社会構造として、現在の「男らしさ」のあり方を定義しています。しかし、そのようなものではない「男らしさ」もあり得るでしょう。例えば、エッセイストの小島慶子さんは、「勇気とは、自分の弱さについて考えるという、いちばんしたくないことをできる力のことだよ」と息子さんたちに教えていると、太田さんとの対談の中で語っています（太田、2023年、217ページ）。そういうことを当たり前のように教えられ、そのような価値観を体現する子どもたちが社会を担うようになれば、そこで発揮される「男性性」は、現在主流となっている「男性性」が意味するものとは異なる「男性性」かもしれないです。

問わなければならないのは、「支配を基準に置かずに、なおかつ、男であるということは、具体的にどのようなビジョンとして示されうるの」かということではないでしょうか（虎岩、2024年、52ページ）。この問いに対する明確な答えはありませんが、学校をセクシュアル・ハラスメントが起こりにくい場所にするためには、この問いを考えることが不可欠なように思われます。

【参考文献・資料】

・内田良『学校ハラスメント』朝日新聞出版、2019年。
・内海﨑貴子、田中裕、藏原三雪、亀井明子、岡明秀忠『スクール・セクシュアル・ハラスメント――学校の中の性暴力』八千代出版、2019年。
・大阪府教育委員会『教職員による児童・生徒に対するセクシュアル・ハラスメントを防止するためにQA集』(https://www.pref.osaka.lg.jp/documents/91584/sekuharaboushi-qa.pdf)、2003年。
・太田啓子『これからの男の子たちへ――「男らしさ」から自由になるためのレッスン』大月書店、2020年。
・木村涼子「フェミニズムの観点から教育と『暴力』を考える」『女性学』vol.14、2006年。
・虎岩朋加『教室から編みだすフェミニズム――フェミニスト・ペダゴジーの挑戦』大月書店、2023年。
・虎岩朋加「フェミニズから男性性を問うことはできるか」『教育』No.946、2024年。
・前川直哉「男性性と教員の『暴力』」『教育』No.946、2024年。
・山本千晶「どこまでがセクシュアル・ハラスメント？――ジェンダー視点の重要性」稲原美苗、川崎唯史、中澤瞳、宮原優編『フェミニスト現象学入門――経験から「普通」を問い直す』ナカニシヤ出版、2020年。

コ ラ ム 2

生物学からみる被子植物の「性」の多様性

常木 静河

ジェンダーとは、生物学的な性別に対し、社会的あるいは文化的な役割としての性差とも定義されますが、そもそもオスとメスはどのような起源をもつのでしょうか。これまでの研究によると、ボルボックスなどの緑色藻類の中で、オスとメスの区別がない配偶子どうしが交配していた状態から、大きな配偶子（メス）と小さな配偶子（オス）の間で交配が起こるようになって、オスとメスが生まれたと考えられています。それによって、運動性の高いオスの配偶子と栄養をたくさん蓄えたメスの配偶子が生まれ、オスとメスで役割の分業化が起こったと考えられます。

藻類から進化した陸上植物に目を向けてみると、その分業化はさらに進んでいます。例えば、被子植物では、風や動物によって遠くまで飛ばせるような軽い花粉（オス）と、飛んできた花粉を受け取り育てるための栄養をたっぷりもつ卵（メス）をもつように進化しました。「花」という繁殖器官を獲得したため、動物を効果的におびき寄せて花粉を運んでもらうことで、遠くの個体とも受精が可能になりました。その上、1つの花の中の別々の場所で、遺伝的に絶妙に異なる花粉（オス）と卵（メス）を生産できるようになったので、たとえ花粉を運んでくれる動物がいなくても、自家受粉もできるようになりました。

「花」を使った繁殖システムは、動けない植物にとっては画期的なもので、その個体だけで自殖できることは大きなメリットになりますが、同じ花に雄しべと雌しべをもつことは、他個体からの花粉を受け取るときに自分の花粉が邪魔になってしまうというデメリットも生み出しました。そのため、他個体由来のより適応度の高い花粉を選び出して交配するために、オスとメスを完全に分けた雌雄異株や、雌株と両性株をわけた雌性両全性異株、オスとメスが熟す時期をずらす雌雄異熟など、植物の世界には多様性に富んだ性表現がみられます。

第5章

知ることから始める、性の多様性と学校の今

渡辺 大輔

日本では、2015年頃から「LGBT」という言葉が社会一般に広まり、教育分野においても性的マイノリティへの対応や、「性の多様性」に関する教育の必要性への関心が高まってきています。この「LGBT」や「性の多様性」に関する教育課題は「新しい人権課題」として表現されることがありますが、これまでも性的マイノリティは存在し続けてきたことを考えると、けっして「新しい」課題ではなかったはずです。それにもかかわらず、これまでの学校は性的マイノリティの存在を想定せず、つまり無視をし続けてきたわけです。それが性的マイノリティの人たちが声をあげ、可視化してきたことによって、「課題」としてやっと認識されるようになってきました。本章では、性の多様性の基礎的知識から、学校教育の課題についてみていきます。

1 私たちの性の多様性

性の多様性を知る

この社会において過去・現在・未来、自分の性別はこれである／ない、この性別で生きている／生きていくというような「私の性別」といった内面的・個人的な経験の深い感覚、「自己の属する性別についての認識に関するその同一性の有無又は程度に係る意識」（法務省、2023年）であるジェンダーアイデンティティ（性同一性／性自認）は、女性、男性、どちらでもない（ノンバイナリー／Xジェンダー）など多様なあり方があります。

身体の性的特徴（セックス・キャラクタリスティクス）は女性も男性も非常に多様であることは科学的にわかっているのですが[(1)]、出生時の身体の性的特徴に基づいて戸籍や書類上に記された性別に標準的に期待されるものと同じ性別の現実（生活実態や身体とのかかわり、アイデンティティ）を生きている人を「シスジェンダー」といい、それとは異なる性別の現実を生きている人を「トランスジェンダー」といいます（周司・高井、2023年）。

また性的欲求や恋愛感情を抱く性別の方向性である性的指向（セクシュアル・オリエンテーション）が、自分のジェンダーアイデンティティからみて異性に向く場合（異性愛／ヘテロセクシュアル）、同性に向く場合（同性愛／ホモセクシュアル、女性の場合レズビアン、男性の場合ゲイ）、両性に向く場合（両性愛／バイセクシュアル）、性的欲求等をもたない場合（無性愛／A（アイ）／エイ）セクシュアル）などがあります。

さらに、「例えば、名前、服装、歩き方、話し方、コミュニケーションの仕方、社会的役割、一般的な振る舞いなどを通して、自分自身のジェンダーを社会にどのように表現するか」（ユネスコ、2020年）という性別表現（ジェンダー・エクスプレッション）を私たちは日常のあらゆる場面で意識的、無意識的に行っていますが、その仕方も、その時代や文化における「らしさ」にはまるか、はまらないかの度合いも個人によって異なります。

こういった性のあり方が流動的だったり（ジェンダーフルイド）不明瞭だったりする場合（クエスチョニング）なども含め、人の性のあり方はとても多様です。

これらの用語の省略形（例えば「レズ」や「ホモ」）は、これまで差別の文脈で使われることが多かったため、他者が不用意に用いることはあまり好まれません。とくに教育関係者は、言葉を省略しないで使うと、性の多様性について理解があると認識してもらえることがあります。

また、多数派は「普通」や「ノーマル」という名ではなく、「シスジェンダー」および「異性愛」という名があり、それも性の多様性の一部をなすものだと捉えることが重要となります。

このような私たちの性の多様性を捉えるためには、性的指向、ジェンダーアイデンティティの頭文字をとった「ＳＯＧＩ」、それに性別表現、身体の性的特徴も加えた「ＳＯＧＩＥＳＣ」という指標が重要となります。これによって私たちみんなの性について説明することができます。つまり、「性の多様性」の話はＬＧＢＴＱ（レズビアン／ゲイ／バイセクシュアル／トランスジェンダー／クエスチョニングの頭文字を並べてそれぞれの差異を尊重し、格差を解消しながら連帯していく際に用いられてきた言葉）といった「あの人たち」のことではなく、多数派・少数派にかかわらず、「私たち」みんなのこと、自分のことだという認識が重要になります。

埼玉県の調査（埼玉県、２０２１年）によると、シスジェンダーかつ異性愛である多数派にあたる人は約97％で、それ以外の性的マイノリティ（性的少数者）は３・３％として分類することができました。トランスジェンダーだけをみると全体の０・５％でした。学校を例にすると、クラスに１〜２人は同性を好きな子ども・若者がおり、学年に１人程度はトランスジェンダーかもしれない子ども・若者がいるといった割合だと考えられます。

子どもの性的発達

①性自認にかかわること

私たちは生まれた瞬間からジェンダー・バイアスのかかった情報のシャワーをあらゆる場面で受け続けて成長しています。出生時（もしくは出生前）に性別が判定され、それにそった期待が込められた名前が授けられ、衣装、おもちゃ等が用意され、「女の子／男の子だから」や「女の子らしく／男の子らしく」といった養育の声がかけられています。

私たちの多くが自己の性別を意識し始めるのは幼少期ですが、周囲が認識し期待する性別や身体の性的特徴に違和感がない子どももいれば、違和感をもつ子どももいます。それは期待される「らしさ」（性別表現）の部分だけではなく、存在そのものとしての性別（ジェンダーアイデンティティ）の部分で違和感をもつ子どももいます。子どもの頃はそこがまだ判然としないこともあります。個人差はありますが、トランスジェンダーの半数以上の人が小学校入学前から性別違和をもちはじめているというデータがあります（中塚、２０１７年）。

現代社会では、日常の多くの場に性別が関わっていて、周囲の認識や期待と自己の認識との乖離が大きいほど生活の困難も大きくなります。

思春期になり急速に身体の成長・発達（からだつき、声変わり、発毛、月経、射精など）がみられると、ジェンダーアイデンティティとは異なる性徴だった場合に、それらを受け止めることが難しく、自己の身体への嫌悪感、拒否感をもつことがあります。

トランスジェンダーのおとながどのように生き、生活しているかということは、性別移行した生活で落ち着いている人は社会の中の性別規範に「埋没」していることが多く、また、カミングアウトが難しい社会の中では非常に見えにくい状況にあります。子どもや若者にとって人生のロールモデルが見えないことは、生きにくさとつながっていくことがあります。

社会的差別も強い中では、親や養育者、保護者などの家族や友人、教員に自分自身のことを語る（カミングアウトする）ことは、とくに子ども期は非常に難しくなります。ジェンダーアイデンティティや生活実態などの性別と書類上の性別が異なる場合、就職も難しく、貧困に陥ることもあることが指摘されています（虹色ダイバーシティ、２０２０年）。いずれも社会的差別の解消が喫緊の課題となります。

②性的指向にかかわること

14歳をピークにした小学校高学年から中高生の思春期の頃、他者への性的・恋愛的関心が高まることがあります（日本性教育協会、２０１９年）。相手が異性であれ同性であれ、概ねこの時期に自己の性的指向に気づくことになります。ただし、恋愛至上主義かつ異性愛中心の社会においては、異性を好きになってもそれが「異性愛」というカテゴリーにはまることが意識化されることは滅多にありません。それが意識化されるのは、多くが同性を好きになった場合や、誰にもそういった感情をもたないことに気づいた場合となります。

自己の性的指向が周囲が認識し期待する、または社会的に規範化されたものとは異なること、もしくは社会的に嘲笑、卑下され差別されているものであることに気づくと、自己の感情を受容することが難しいと感じる場合もあります。

性的指向は見えるものではなく、未だ差別がなくならない社会においてはカミングアウトする人も少ないため、自分の生活圏内で同じようなセクシュアリティの人と出会うことは、とくに子ども期においては難しい状況にあります。親や養育者、保護者などの家族や友達、教員に自身のことを語ることもとても困難です。

日常の恋愛や家族に関する会話では、異性愛が前提で語られることが多いため、その度にごまかしたり嘘をついたりすることで、罪悪感をもったり、自分の存在が想定されていない、いないものとされていることを感じることによって自尊心が傷つけられたりすることもあります。

③いじめや自殺・自傷等の実態

性的マイノリティを対象に2019年に実施された調査（日高、2024年、国内在住者1万769件を集計）によると、10代の回答者（586人、約5・4％）において、学校生活（小・中・高）でいじめられたことがあると答えた人は全体の47・4％で、とくにMTF（トランス女性）においては100・0％を示しています。また、2016年の調査では、「ホモ・おかま・おとこおんな」などの言葉によるいじめ被害の経験率は全体の63・8％で、とくにゲイ男性（67・0％）、バイセクシュアル男性（54・9％）、MTF（76・9％）、FTM（トランス男性、71・9％）、MTX（出生時に男性だと割り当てられたXジェンダーの人、73・4％）が高い率を示し、服を脱がされるなどのいじめ被害経験率は全体の18・3％で、ゲイ男性（18・8％）、バイセクシュアル男性（19・1％）、ＭＴＦ（25・6％）、ＭＴＸ（22・8％）が高率となっています（日高、２０２４年）。

これらから、思春期の多くの時間を過ごし、人間関係を構築していく学校において、10代の性的マイノリティの約半数はいじめ被害を経験しており、とくに出生時に男性が割り当てられた層のいじめ被害経験率が他の層と比較して高いことがわかります。社会的性別規範である「男らしさ」には当てはまらない言動をした「男子」が（本人の性的指向やジェンダーアイデンティティが多数派に当てはまったり、不明であったりしても）いじめの対象になりやすいということが考えられます。

２０２２年に実施された調査（有効回答２６２３名の内、10代は23・5％）においては、自己のＳＯＧＩについて「保護者に相談できない」と回答した人は全体の91・6％にのぼり、「保護者との関係で生じた困難」として「保護者からＬＧＢＴＱではないことを前提とした言動があった」（66・0％）、「保護者に自分のセクシュアリティを隠さないといけなかった」（49・7％）、「保護者がＬＧＢＴＱに否定的な言動をした」（47・2％）、「保護者へセクシュアリティがバレてしまうことを不安に感じた」（46・5％）、「保護者といることがしんどいと感じた」（40・7％）が比較的高率であることが示されました（ReBit、２０２２年）。

思春期の子ども・若者においては、保護者と離れて生活することは難しい状況にあります。また、学校での「配慮」を求めるにしても、保護者の理解・了解がないために、相談のみに留まったり、相談すらできなかったりします。

これらの経験の積み重ねによって、性別違和をもつ人においてジェンダークリニック受診以前に自殺念慮を経験した人は58・6％、自傷・自殺未遂を経験した人は28・4％、不登校を経験した人は29・4％、対人恐怖症などを含む不安症や鬱《うつ》などの精神科合併症を経験した人は16・5％と、いずれも高率にみられます。自殺念慮をもつ年齢の最初のピークは思春期である中学生の頃で、第二のピークは社会的適応が求められる大学生・社会人になってからですが、小学生の時期に自殺念慮が強くなった人が13・9％に及ぶことにも注意が必要となります（中塚、２０１７年）。

一方、性的指向に関する２００５年調査においても、ゲイ・バイセクシュアル男性の65・９％が自殺を考えたことがあり、14・０％の人が自殺未遂を経験しています。とくに未遂に至る割合は若年層ほど高くなっています（日高、２０２４）。このことは、厚生労働省による「令和３年度自殺対策に関する意識調査」で「自殺をしたいと思ったことがある」のは27・２％であったのと比較すると、先述のトランスジェンダー、およびゲイ・バイセクシュアル男性における自殺念慮率はかなり高いことがわかります。

2 性の多様性をめぐる教育行政の動き

日本の教育領域では平成の時代に入るまで、「同性愛」は「倒錯型性非行」と位置づけられ指導の対象となっていました。

1990年に、動くゲイとレズビアンの会（アカー）が東京都府中青年の家で合宿利用中に、他団体から差別を受けた上に、東京都教育委員会によって今後の宿泊利用を拒否されたことに対し、翌1991年にアカーが東京都を提訴しました。この裁判の過程でアカー等が文部省（当時）に先の記述の削除の申し入れを行い、1994年に文部省がこの記述を削除するに至りました（動くゲイとレズビアンの会、1999年）。

この裁判における東京高等裁判所による判決（1997年）では「都教育委員会を含む行政当局としては、その職務を行うについて、少数者である同性愛者をも視野に入れた、肌理《きり》の細かな配慮が必要であり、同性愛者の権利、利益を十分に擁護することが要請されているものというべきであって、無関心であったり知識がないということは公権力の行使に当たる者として許されないことである」と述べられています。この「公権力の行使に当たる者」には学校教職員も含まれると解釈できます。

2000年に「人権教育及び人権啓発の推進に関する法律」が制定された後、具体的な計画の策定に向けて、人権擁護推進審議会においてアカーに対し「性的指向等による差別の問題に関するヒアリング」が行われ、2002年に閣議決定された「人権教育・啓発に関する基本計画」に、「各人権課題に対する取組」の「(12)その他」(現在は第13項)として、「同性愛者への差別といった性的指向に係る問題」が「その解決に資する施策の検討を行う」ものとして明記され、人権教育の課題として公的に位置づけられることとなりました。

2003年に「性同一性障害者の性別の取扱いの特例に関する法律」が制定されると、メディアにおいて、小学生を含む「性同一性障害」のある子どもの存在が報道されるようになりました。その後の当事者団体等からの強い働きかけによって、文部科学省は2010年に「児童生徒が抱える問題に対しての教育相談の徹底について」という通知を出し、性同一性障害のある児童生徒の心情に十分配慮した対応をするように依頼しました。

2012年に閣議決定された「自殺総合対策大綱」では、「自殺念慮の割合等が高いことが指摘されている性的マイノリティについて、無理解や偏見等がその背景にある社会的要因の一つであると捉えて、教職員の理解を促進する」ことが明記されました。

2013年には文科省によって「学校における性同一性障害に係る対応に関する状況調査」が実施され、翌年に結果が公表されました。

その調査を踏まえて、2015年に文科省は「性同一性障害に係る児童生徒に対するきめ細かな対応の実施等について」という通知を出し、「悩みや不安を受け止めることの必要性は、性同一性障害に係る児童生徒だけでなく、『性的マイノリティ』とされる児童生徒全般に共通するもの」であること、「学級・ホームルームにおいては、いかなる理由でもいじめや差別を許さない適切な生徒指導・人権教育等を推進すること」を示し、性同一性障害に係る児童生徒に対する学校における支援の事例を掲載しました。

翌2016年にはこの通知をもとに、「性同一性障害や性的指向・性自認に係る、児童生徒に対するきめ細かな対応等の実施について（教職員向け）」という周知資料が公開され各学校に配付されました。

それ以降、検定教科書においても性の多様性や性的マイノリティ／LGBTに関する記述も少しずつ見られるようになり、2017年には「いじめの防止等のための基本的な方針」の改定により、「性同一性障害や性的指向・性自認に係る児童生徒に対するいじめを防止するため、性同一性障害や性的指向・性自認について、教職員への正しい理解の促進や、学校として必要な対応について周知する」といった内容が盛り込まれました。

2021年に中央教育審議会が出した「『令和の日本型学校教育』の構築を目指して～全ての子供たちの可能性を引き出す、個別最適な学びと、協働的な学びの実現～（答申）」では、今後の方向性として「学校教育の質と多様性、包摂性を高め、教育の機会均等を実現する」ことの中に、「性同一性障害や性的指向・性自認（性同一性）に悩みを抱える子供がいるとの指摘もある。こうした子供が、安心して学校で学べるようにするため、性同一性障害や性的指向・性自認（性同一性）について、研修を通じて教職員への正しい理解を促進し、その正しい理解を基に、学校における適切な教育相談の実施等を促すことが重要である」と明記されました。

2022年に改訂された生徒指導提要では、12章4節として「『性的マイノリティ』に関する課題と対応」（12・4・1「性的マイノリティ」に関する理解と学校における対応、12・4・2「性的マイノリティ」に関する学校外における連携・協働）が立てられました。

2023年には「性的指向及びジェンダーアイデンティティの多様性に関する国民の理解の増進に関する法律（理解増進法）」が成立・施行され、「学校の設置者及びその設置する学校は、当該学校の児童等に対し、性的指向及びジェンダーアイデンティティの多様性に関する理解を深めるため、家庭及び地域住民その他の関係者の協力を得つつ、教育又は啓発、教育環境に関する相談体制の整備その他の必要な措置を講ずるよう努めるものとする」と定められました。

3 性の多様性をめぐる学習内容

変わらない学習指導要領

上記のようにいくつかの行政文書等に性的マイノリティが支援が必要な対象として位置づけられた一方、文科省が2017、18年に告示した「学習指導要領」では、例えば、中学校の「保健」の学習内容の取扱いでは「身体の機能の成熟とともに、性衝動が生じたり、異性への関心が高まったりする」と説明され、これまでの学習指導要領と変わらず、シスジェンダーかつ異性愛が前提とされたままとなりました。その理由として、文科省は、「個々の児童生徒の発達の段階に応じた指導、保護者や国民の理解、教員の適切な指導の確保などを考慮すると難しい」（文部科学省、2017年）と説明しています。しかしこれは、学習指導要領に記載しなければ国民の理解や教員の指導の確保も進まないという矛盾を抱えるものでもあり、また、学習指導要領に記載されている学習内容が、前述の子どもの発達の段階や発達ニーズには合っていないという状況を看過するものになってしまっているという問題があります。

ただし、「小学校学習指導要領解説体育編」においては、「思春期には、初経、精通、変声、発毛が起こり、また、異性への関心も芽生えることについて理解できるようにする。さらに、これらは、個人差があるものの、大人の体に近づく現象であることを理解できるようにする」となり、これまであった「早い遅いがあるもののだれにでも起こる」現象といった文言が削除されました。「同性への関心」といったように性的指向の多様性などは明記されなかったものの、「個人差」という範囲内で、性的指向の多様性等に言及できるようになったとも解釈できます。

変わる教科書

このように学習指導要領は変わらなかった一方、2019年度から「特別の教科」となった「道徳」で使われるようになった中学校の教科書に「LGBT」や「性の多様性」の内容が掲載され、2020年度からの小学校「保健」（体育）の教科書（2社）、さらに2021年度から使用されている中学校「保健体育」「国語」「現代社会」「家庭」「美術」の教科書にも「発展」「章末資料」で掲載されるようになりました。

2024年度から使用されている小学校の教科書では、「保健」（体育）だけでなく、「社会」「道徳」にも「性的少数者」や「LGBT」、性の多様性に関する内容が掲載されています。

2025年度から使用される中学校の教科書では、「道徳」7社すべてに「LGBT」や性の多様性に関する内容が盛り込まれ、「保健体育」「国語」「現代社会」「家庭」「美術」のほかに、「英語」や「地理」にも掲載されるようになりました。

いずれも「発展」や「章末資料」「脚注」などでの扱いが多くみられますが（「道徳」は本文として位置づく読み物資料の内容となったりしている）、2023年施行の理解増進法や、社会的関心の高まり、子どもの発達の段階や発達ニーズに合わせることの重要性などが意識されているものと考えられます。

「LGBT教育」ではなく「性の多様性教育」へ

このように教科書には「LGBT」や「性の多様性」についての記載が見られるようになってきましたが、その多くがコラムや特記のような位置づけになっています。つまり、本文においては、多数派と対等に位置づいていないということです。

近年「LGBT教育」という言葉をみることがありますが、その内容をみると、少数派である「LGBT」の説明のみになっているものも少なくありません。そういった授業やそこで配付されている資料に「シスジェンダー」や「異性愛」といった多数派の名称が一度も出てこないものもあります。「LGBT」などの少数派のみが説明項となっている授業では、「LGBT」の人々を「多くの人とは違う特殊（特別）な存在」として位置づけてしまい、同時に、多数派の人にとってみれば、「LGBT」の人たちを知って理解してあげる「フツー」である「わたし」という構造の再生産していることとなってしまいます。そういった授業が行われている教室に「LGBT」の子ども・若者もいるのですが、非常に教室にいづらい気持ちを抱えてしまうことがあります。

これからの時代に必要となる学習は、さまざまな性を生きる子ども・若者たちが、SOGIESCなどの指標をつかいながら自分の性を知り、他者の性を知り、「シスジェンダー」で「異性愛」である多数派の人々こそが性の多様性の一部に位置づくということを知ることからはじまる「性の多様性教育」となります（倉敷市教育委員会、2018年。渡辺、2019年。堀川、2023年）。

また、性に関する学習は学校教育全体で行います。その基礎に多様性をおかなければなりません。そのような学習を積み重ねることによって、アライ（ALLY：自分とは異なるジェンダーやセクシュアリティをめぐる差別問題を自分の問題として理解し行動する人、味方、支援者）を増やしていくことも大切です。

4 誰もが安心して生活できる学校づくり

カミングアウトとアウティング

カミングアウトとは「Coming out of closet」（クローゼットから出る）が語源になったものです。これまでクローゼットに隠さざるを得なかった自己のジェンダーやセクシュアリティについて、他者に公言し、対等な関係構築を希求することです。一般的に「カミングアウトされたらどうしたらいいですか」という質問がありますが、アライを目指すには、「カミングアウトしてもらうにはどうしたらいいか」を考えなければなりません。そこがわかれば、カミングアウトしてもらったときもその人との信頼関係の中で適切な言葉が出てくるはずです。

一方で、カミングアウトしてもらった情報を他者に勝手に伝えてしまうことを「アウティング」といいます。自分のプライバシーに関わることが自分のコントロールがきかない範囲にまで広まってしまうことは大きな不安となります。学校で子ども・若者から相談やカミングアウトを受けた場合は、誰に話しているか、誰に話していいかを確認し、教員集団で情報を共有する必要があるときは、その理由とすでに研修などを受けていて理解があることなどを、当人に事前に説明しなければなりません。保護者に伝えなければならない場合も、その伝え方などを当人と検討し、教員がサポートしたり、親の会などを紹介できるように連携をとっておくなどの対応が必要となります。

個別支援の方法と留意点

個別支援に関しては、とくにトランスジェンダー（かもしれない）の子ども・若者に対して必要となることが多くあります。例えば、更衣室やトイレ、制服や水着などの服装、名簿上の性別、通称名の使用、二次性徴への対応、宿泊学習における部屋割りや入浴、体育や部活動、進路選択や就職活動などでの支援や合理的配慮が必要となります。支援方法は、その子ども・若者の性別移行の状態（性別移行は一日ですぐできるというものではなく、生活の長い時間をかけて徐々に行います）、友だちや保護者との関係性によって異なるため、「マニュアル」のようなものは作れません。したがって、相談を受けたら、要望をじっくりと聞き、何ができるかを一緒に考えていくことが基本になります（文部科学省、２０１６年。遠藤、２０２２年）。ＬＧＢＴ（かもしれない）子ども・若者たちが安心して集まれる「居場所」などに参加することで、さまざまな経験や情報を得ることもでき、自分の気持ちを整理しやすくなったりします（〝人間と性〟教育研究協議会、２０２３年）。

学校を変革すること

上記のような個別支援が必要になるのは、学校がシスジェンダーおよび異性愛が前提につくられているからです。つまり、学校が性的マイノリティの子どもや若者たちに支援を必要とさせているということです。したがって、まずは学校がもつ不要な性別分化システムを見直し、選択肢を増やし、学習の機会を保障するということが必要となります。子ども・若者だけではなく、教職員や保護者もそれぞれに異なった性を生きています。誰もが安心して生活できる学校づくりを行政、学校、地域が一体となって行わなければなりません。

【注】

(1)この社会において「典型的」とされる身体の性的発達とは異なる発達をしている（性分化疾患のある／ＤＳＤｓの）子どもも、自己の身体への不安感などを強く抱くことがあります（大阪府立病院機構大阪母子医療センター『みんなで考える性分化疾患』診断と治療社、２０１９年）。

【参考文献】

・動くゲイとレズビアンの会『同性愛者と人権教育のための国連10年』１９９９年。
・遠藤まめた『教師だから知っておきたいＬＧＢＴ入門—すべての子どもたちの味方になるために』ほんの森出版、２０２２年。
・倉敷市教育委員会「人権教育実践資料３『性の多様性を認め合う児童生徒の育成２』」２０１８年。
・埼玉県「埼玉県 多様性を尊重する共生社会づくりに関する調査—報告書—」２０２１年。
・周司あきら・高井ゆと里『トランスジェンダー入門』集英社、２０２３年。
・中塚幹也『封じ込められた子ども、その心を聴く　性同一性障害の生徒に向き合う』ふくろう出版、２０１７年。
・日本性教育協会『「若者の性」白書 第8回青少年の性行動全国調査報告』小学館、２０１９年。
・"人間と性"教育研究協議会『季刊セクシュアリティ』No.113（特集「性の多様性と子どもの「居場所」」）、エイデル研究所、２０２３年。
・認定ＮＰＯ法人虹色ダイバーシティ「ＬＧＢＴと職場環境に関するアンケート調査niji VOICE 2020報告書」(https://nijiirodiversity.jp/879/) ２０２０年。
・認定ＮＰＯ法人ReBit「ＬＧＢＴQ子ども・若者調査２０２２」（https://allyteachers.org/?p=1531）２０２２

年。
・日高庸晴『ＬＧＢＴＱ＋の健康レポート――誰にとっても心地よい医療を実装するために』医学書院、２０２４年。
・堀川修平『気づく 立ちあがる 育てる―日本の性教育史におけるクィアペダゴジー』エイデル研究所、２０２２年。
・文部科学省「学校教育法施行規則の一部を改正する省令案並びに幼稚園教育要領案、小学校学習指導要領案及び中学校学習指導要領案に対する意見公募手続き（パブリックコメント）の結果について」（https://public-comment.e-gov.go.jp/servlet/PcmFileDownload?seqNo=0000157166）２０１７年。
・ユネスコ編、浅井春夫・艮香織、田代美江子、福田和子、渡辺大輔訳『国際セクシュアリティ教育ガイダンス【改訂版】』明石書店、２０２０年。
・渡辺大輔「教育実践学としてのクィア・ペダゴジーの意義」『クィア・スタディーズをひらく１』晃洋書房、２０１９年。

コ　ラ　ム　3

保護者の立場から

松岡　成子

ＮＰＯ法人ＡＳＴＡは主に愛知県内の学校や行政を中心に「LGBTQ＋出張授業」を展開しています。ユース交流の「名古屋あおぞら部」や「保護者会」を行っています。保護者会の中で話題の１つになるのが学校生活です。先生の言動は時に当事者の子どもや保護者の支えになり、時には大きな障壁になります。特にトランスジェンダーの子どもたちが混乱や不安を抱えている中にある時、周りの大人が、性の在り方を「困り事」や「特別な配慮」として対応することで、子どもたちは迷惑をかけていると自分を責め、否定することがしばしばあります。

「お前は男なのか、女なのか」と６年生に何度も絡まれた４年生の生徒は、学校に行けなくなりました。トランスジェンダーだと噂になった小学校２年生の子は、同級生から「プールの着替えの時にのぞいて確かめる」と言われ、担任に相談したら「様子を見ましょう」と言われました。のぞかれてしまう不安から、その夏は水泳の授業は一度も参加していません。

時には好奇心が人を傷つけてしまうこと、相手の性別に関係なく着替えをのぞく行為は性暴力になること。この事例は何が性暴力なのかということや性の権利について伝える絶好のチャンスを逃したうえに、当事者生徒が犠牲になった例だと思います。

子どもたちには、気持ちを言語化したり交渉したりできるスキルを身に付けてほしいと思います。その成長を見守り応援するのが大人の役目だと思います。どうか先生方、保護者に伝えてください。「一緒に応援しましょう」と。どうか大人の皆さん、子どもたちに伝えてください。恋愛をしない人も、同性を好きになる人もいること。男女に縛られない生き方があること。あなたを見守っている大人や友達が大勢いること。何よりも、あなた自身が誰かのＡＬＬＹ（アライ・味方）になれることを。

コ　ラ　ム　4

障がいをもつ子どもを置き去りにしない社会へ

水野　礼

「教科書に出ていないことばっかり」。ある知的障害特別支援学級の教員の言葉です。虐待が疑われる児童生徒の家庭訪問や、保護者から「手続きのやり方が分からない」とＳＯＳが入り一緒に諸機関に出向くなど、本来は教員の職域外である業務が多いというのです。とりわけ、性に関する困りごとが多いという話には驚かされました。

普通学級の教員からも、発達障がいをもつ児童生徒の増加と、彼らとの関わり方に戸惑う声とともに、「パパ活」と呼ばれる性非行の問題に悩まされているという声を耳にします。若者から話を聞くと、大学への進学費用を稼ぐためのパパ活も横行しているようです。また、医療者や心理・福祉領域の相談支援専門職者からも、子どもの性非行と、その低年齢化を懸念する声が聞かれました。中・高生のみならず、小学生のケースも散見されるそうです。子どもの教育やケアに携わる人々の語りからは、児童生徒のみならず親もまた困難な状況に置かれていること、必要な人々に十分な支援がいきわたっていないことがうかがわれます。

障がい児の問題に話を戻しましょう。知的障がいをもつ子どもは、衝動のコントロールや抽象的なことの理解が困難であることから加害を繰り返してしまう、被害を受けても状況の理解と説明が困難であることから被害が長期化してしまうなどの問題を抱えています。また、身体障がい者を狙う痴漢やストーカーの存在が問題視されるようになってきています。障がいをもつ子どもたちが彼らのハンディキャップを利用され、性被害や性的搾取を受けること、必要な支援が受けられないことで加害者や被害者になってしまうことがあってはいけません。

こうした問題に出会ったら、子どもの問題を扱う他職種や外部機関が発信する情報を得ること、相談することで問題解決につながることがあります。ひとりで抱え込まず、社会で子どもたちを支えていきましょう。

第6章

性教育は本当に寝た子を起こすのか？

——包括的性教育を実践するために

村松　愛梨奈・髙嶋　香苗

諸外国では国際セクシュアリティ教育ガイダンスを基盤とした包括的性教育が実施され、これらの教育プログラムの影響を評価した研究調査のレビューでは、性教育を行うことにより性行動を活発化させないことが報告されています。さらに日本の青少年を対象とした性行動に関する調査では「学校で性交について学習している者や、避妊についての情報を学校の性教育から得ている者ほど避妊の実行率が高く、学校での性教育は青少年の避妊行動に肯定的な影響を及ぼしている」ことが報告されています（林、２０１８年）。性教育の話になると、「寝た子を起こすな」という議論が出てくることもありますが、科学的知見に基づけば子どもが起きる前に学習させることは、将来の正しい性のスキル獲得につながると考えられます。また、２０１７年までの過去30年間の青少年の性行動の変化を「性交経験率」で見た場合、２００５年と比較すると２０１７年の高校生・大学生では減少していますが、全体としては過去30年間で確実に増加し、さらに中学生でも性交体験者がいるのが現状です。したがって、子どもは意外と「寝ていない」ことも理解した上で、性教育を進めることが大切です。では、実際に性教育について考えていきましょう。

皆さんは、性教育にどのようなイメージを持っていますか。保健授業で習う内容というイメージを持つ人や、そこで習った言葉として「男性・女性」「思春期」「性感染症」「妊娠・避妊」などを思い浮かべる人もいるかもしれません。近年、世界的には生殖に関わる身体の仕組みや変化の内容以外に、性の多様性や人間関係などが含まれる「包括的性教育」が取り入れられるようになっています。これまでの日本では、人権を含む広い意味での性教育は十分に実施されていませんでした。包括的性教育は、自分や他人の身体、心を理解し、大切にするために必要な教育です。また、思春期の健康に介入し改善するための重要な要素として認識されており、子どもや若者だけでなく、生涯にわたって全ての年代の人に必要な健康教育でもあります。

ユネスコほかが国際機関と連携し作成した「国際セクシュアリティ教育ガイダンス」では、包括的性教育は「セクシュアリティの認知的、感情的、身体的、社会的側面についての、カリキュラムをベースとした教育と学習のプロセス」と定義されており、生殖の仕組みや思春期の二次性徴などの身体的側面だけではなく、性の多様性、ジェンダー平等、人間関係など幅広く性を扱う教育です。世界性の健康学会では、１９９９年に「性の権利宣言」を採択し、性の権利は「性に関する人権」であることを示し、２０１４年には改訂版が採択され、その1つには「包括的な性教育を受ける権利」が含まれ、世界中の人は誰しも性教育を受ける権利があることを示しています。

しかしながら、日本では「性」という言葉はどちらかというと「恥ずかしいこと、タブー視されるもの、隠すべきもの」などと捉える傾向があるため、性教育も同じように人前で話してはいけない恥ずかしい内容と思われる傾向があります。性教育がタブー視される環境下では、実際に子どもが性に関する問題や困難に出会った際に、問題や悩みを抱えていることや、さらには性犯罪に巻き込まれたことでさえ恥ずかしい事柄と捉え、誰にも相談できない可能性も考えられます。皆さんも、性に関わる悩みを抱えた時には、どのように行動されていますか。実際、大人でも性に関わる問題を誰かに相談することは難しいかもしれません。

今後、このように性をタブー視する環境や風潮を変え、現代の性に関する課題を解決するために、本章では「包括的性教育」をテーマとして、性教育の歴史、諸外国の現状について知り、これから私たち大人ができる性教育を一緒に考えていきたいと思います。ただ、これまでに大人も十分に受けてきていない教育内容のため、子どもたちに教えなければならないと意気込みすぎずに、まずは本章を通して子どもたちと一緒に性を学ぶきっかけにしてほしいと考えます。そのためには、性を知り理解するために必要なキーワードを学びましょう。

1 「今」の性教育で大切なキーワードとは？

性と生殖に関する健康と権利（ＳＲＨＲ）って何？

世界の性の流れで知ってほしい事柄の一つとして、１９９４年に国際人口開発会議で提唱された性と生殖に関する健康と権利（ＳＲＨＲ：Sexual and Reproductive Health and Rights）があります。これは、性や子どもを産むことなど全てにおいて、単に病気がないだけでなく、身体的、精神的、社会的に完全にウェルビーイング（幸福）な状態であり、「自分の身体に関することを、自分自身で決められる権利」のことを指します。例えば、子どもを産む・産まない、産むならいつなのか、何人産むかなどを決められることや、ジェンダーに基づく暴力により傷つけられないこと、ウェルビーイングでいるために必要なサービスを受けられることなどが権利に含まれます。これらの権利は、２０１５年に国連サミットで採択された持続可能な開発目標（ＳＤＧｓ）における２０３０年までの国際目標にも掲げられ、例えば「すべての人に健康と福祉を」の項目では「家族計画、情報・教育及び性と生殖に関する健康の国家戦略・計画への組み入れを含む、性と生殖に関する保健サービスを全ての人々が利用できるようにする」ことが、「ジェンダー平等」の項目では「性と生殖に関する健康および権利への普遍的アクセスを確保する」ことがそれぞれ目標に示され、世界的に性の権利へのアプローチが進められています。これらを進めるためには、保健サービスへのアクセス環境を整えるだけではなく、包括的性教育が必要不可欠です。まずは、その国際的なスタンダードである「国際セクシュアリティ教育ガイダンス」について学びましょう。

性教育の国際基準「国際セクシュアリティ教育ガイダンス」とは？

国際セクシュアリティ教育ガイダンス（以下、ガイダンス）では、性教育の国際的なスタンダードを示しています。２００９年に初版が出版され、世界中で科学的根拠に基づく包括的性教育資料として役割を果たしてきています。２０１８年には改訂版が発行され、日本では書店で購入ができますし、インターネットでも無償で日本語版のダウンロードが可能です。ガイダンスは、全て科学的根拠に基づいて構成され、意思決定できるスキル、コミュニケーションと交渉を効果的に行えるスキル、自己主張できるスキルなど健康的な選択のためのライフスキルを発達させることや、幼少期から継続的に性教育を行うことなどが基本的な指導方針として掲げられています。また、年代別に何を具体的に教えるべきかが示されており、5歳から始まる4区分（5～8歳、9～12歳、12～15歳、15～18歳以上）に分類された学習目標が記載されています。これらは、学習した内容を積み上げていく「らせん状教育」であり、同じ内容を繰り返し、年代に合わせて学ぶ形式が取られています。例えば、「人間関係」というテーマでは、家族や友情・愛情・恋愛関係などの様々な関係性に関する学びが含まれており、そのうち「家族」に関する学習では、5～8歳に「世界にはさまざまな家族の形があること」を理解し、「尊重」を表現することから始め、15～18歳では「性的関係や健康問題に関する情報を共有したり明らかにしたことにより困難に直面したとき、若者や家族が頼ることのできるサポートシステムが存在すること」を理解し、家族をサポートするために信頼性のあるコミュニティ資源にアクセスするスキルも学びます。このように年代に合わせて学習を積み重ねていくという意味で「包括的」であると同時に、広範囲の内容を網羅する意味からも「包括的」であることから、知っておくべき重要なトピックの全範囲を網羅しています（表）。ガイダンスは8つのコンセプトで構成され、それぞれに2～5つのトピックに分かれ、全部で27つのトピックが含まれ、年齢区分毎にキーアイディアと学習目標が示されています。

例えば、日本の性教育でも扱われている生殖は、「人間のからだと発達」のトピックに含まれ、生殖には月経に関する内容も含まれています。月経のキーアイディアは「月経は一般的なことで、女子の身体的発達の自然な一部であり、秘密やスティグマとして扱われるべきではない」と記載

表　国際セクシュアリティ教育ガイダンスの「8つのキーコンセプト」「トピック」の全体像

キーコンセプト1：人間関係	キーコンセプト5：健康とウェルビーイング（幸福）のためのスキル
トピック 1.1 家族 1.2 友情、愛情、恋愛関係 1.3 寛容、包摂、尊重 1.4 長期の関係性と親になるということ	トピック 5.1 性的行動における規範と仲間の影響 5.2 意思決定 5.3 コミュニケーション、拒絶、交渉のスキル 5.4 メディアリテラシー、セクシュアリティ 5.5 援助と支援を見つける
キーコンセプト2：価値観、人権、文化、セクシュアリティ	キーコンセプト6：人間のからだと発達
トピック 2.1 価値観、セクシュアリティ 2.2 人権、セクシュアリティ 2.3 文化、社会、セクシュアリティ	トピック 6.1 性と生殖の解剖学と生理学 6.2 生殖 6.3 前期思春期 6.4 ボディイメージ
キーコンセプト3：ジェンダーの理解	キーコンセプト7：セクシュアリティと性的行動
トピック 3.1 ジェンダーとジェンダー規範の社会構築性 3.2 ジェンダー平等、ジェンダーステレオタイプ、ジェンダーバイアス 3.3 ジェンダーに基づく暴力	トピック 7.1 セックス、セクシュアリティ、生涯にわたる性 7.2 性的行動、性的反応
キーコンセプト4：暴力と安全確保	キーコンセプト8：性と生殖に関する健康
トピック 4.1 暴力 4.2 同意、プライバシー、からだの保全 4.3 情報通信技術（ICTs）の安全な使い方	トピック 8.1 妊娠、避妊 8.2 HIVとAIDSのスティグマ、治療、ケア、サポート 8.3 HIVを含む性感染症リスクの理解、認識、低減

（改訂版　国際セクシュアリティ教育ガイダンス　科学的根拠に基づいたアプローチ（2022）を参考に作表）

され、月経がタブー視されるものではないことが前提とされています。また、9～12歳では「月経周期を説明し、その時期に女子が経験する可能性のあるさまざまな身体的症状や気持ちを明らかにする」「月経期間中も女子が快適に感じるための積極的で支援的な方策をはっきりと示す」などの具体的な学習目標が示されていますが、日本の学習指導要領では小学校で月経の仕組みを学習した後には、実際の生活に必要な月経時の過ごし方や対処方法に関する記述はなく、月経による痛みや不調は「我慢するもの」と考える女性が未だに多いのも現状です。一方で、家族計画協会思春期ホットラインでの女子の相談内容として多い項目は、月経・緊急避妊であり、学校教育では悩みに対処するための学習機会が十分に確保されていないのが現状で、さらに「隠すべきもの」として扱われる傾向のある月経は、他者に相談することが難しいことも容易に想像できます。最近では、日本社会でも内閣府による「女性活躍・男女共同参画の重点方針２０２１」において「児童生徒を始め誰もが生理などの体の悩みを気兼ねなく産婦人科等に相談できる環境の整備に努める」ことが記載され、近頃少しずつではありますが性に関する悩みを相談できる環境がポジティブに変化し始めていることもぜひ知っておいてください。

2 諸外国の性教育はどのように行われている？

ガイダンスに基づき、海外では性教育がどのように行われているでしょうか。ここでは性教育がポジティブに扱われているヨーロッパ諸国について、ガイダンスとの対応も含めて紹介します。

「性をオープンに語る」オランダ

オランダは性教育の先進国として知られており、思春期の成長をポジティブに取り扱い、オープンに語る姿勢を養う教育がなされています。学校では様々な学外団体組織と連携し、民間団体のテキストを利用したアクティブな性教育も行われており、学外では小学生より年上の少年少女や有名なサッカー選手などが、キスや月経など性に関する身近なテーマを話す有名なテレビ番組があり、性をオープンに語る様子が放映されています。また、子どもが匿名・秘密厳守を原則として相談できる子ども相談サイトがあり、「お互いに助け合おう」コーナーでは同世代の子どもたちが解決案を提案するなど、当事者に代わり性に関する悩みを考える機会もあります。サイト内の相談内容は学校授業にも活用され、他者の性の悩みに対して助言する経験もできます。

このようなスキルは、ガイダンスの「健康とウェルビーイング（幸福）のためのスキル」内のトピック「援助と支援を見つける」に該当します。5～8歳に「信頼できるおとなを見つけ、助けを求めるさまざまな方法を実際にやってみる」、9～12歳では「より広いコミュニティの中でも、援助を探し出し、そこにアクセスするさまざまな方法を実際にやってみる」、12～15歳では「援助や支援について信頼できる情報源（ウェブサイトなど）の特徴を説明する」、15～18歳では「罪悪感や恥の意識を抱くことなく、援助や支援、あるいはサポートを求めることを実践する」などが示されています。困った時に信頼できる大人に相談したり、援助の場所を探したり、さらに援助や支援に対して罪悪感や恥の意識を抱く必要がないことの理解は大切であり、オランダでは民間団体との連携などを通して、これらの性教育が進められていることが理解できます。

「ありのままの自分を認める」デンマーク

デンマークでは、オープンマインドで実用的な教育を実践しており、「ボディポジティブ」や「ありのままの自分を認める」考えが大切にされています。例えば、学校の図書館には学生たちが外性器の写真を切り貼りして作成したコラージュがあり、そのコラージュから人にはそれぞれ違いがあることを学び、ありのままの自分を認められるような環境が作られています。この内容は、ガイダンスの「人間のからだと発達」に含まれるトピック「ボディイメージ」にも記載されており、5～8歳のキーアイディアは「すべてのからだは特別で、個々に異なりそれぞれにすばらしく、からだに対してはポジティブな感情を抱くべきである」と記載され、「自分のからだをポジティブに認識する」「自分のからだに誇りをもつことの意味を説明する」などが学習目標として示されています。9～12歳では「身体的外見は人としての価値を決めない」というキーアイディアから「仲間同士においても、身体的外見の違いを認め合う姿勢を示す」など、自分や他者の身体の認識について学ぶ教育が含まれることが理解できます。日本では、自分の身体をネガティブに捉えて悩む人も多く、これらのボディイメージのずれやそれに関連する若年女性の痩せなどの健康問題も存在します。日本でも自分や他者の身体や心の多様さを知り、誇りを持ち、子どものウェルビーイングを高めるような教育が必要と考えられます。

「安心して相談できる環境づくり」を進めるスウェーデン

スウェーデンでは「人間には全員同じ価値がある」というフレーズが教育現場で大切にされており、性別や性的指向、障がいなどに関わらず、人は全員同じ価値があることを幼い頃から教育されています。日本と比べて小さな国ではありますが、若者が無償で悩みを相談できるユースクリニックと呼ばれる場所が260箇所も設置されており、若者が性に関して困った際も安心して専門家に相談したり、カウンセリングや性病検査などができたりする環境が整っています。また、中学生の頃にはユースクリニックに訪問する機会があり、実際に訪れることで、どのような場所であるか知る機会も確保されています。日本も社会として専門家に相談しやすい環境づくりが大切であり、現在は日本でも少しずつユースクリニックの取り組みが進んでいます。例えば、婦人科クリニックにユースクリニックが併設されたり、性教育に取り組むＮＰＯや自治体により運営されたり、文化祭などでのイベント型で実施されるなど、若者が産婦人科医や保健師など専門家に気軽に悩みを相談できる機会の確保に取り組む動きが出てきています。

3　日本の性教育の課題と「未来」
――知ることがはじめの一歩

日本の性教育の歴史と課題

はじめに日本の性教育の歴史として注目する年は「性教育元年」と呼ばれる１９９２年であり、この年は学習指導要領に性教育が導入され、小学校からの性教育が本格的に始まり、性教育ブームが起こった年とも言われています。しかしながら、２０００年に入ると性教育へのバッシングが激化し、中学生向け性教育パンフレット「思春期のためのラブ＆ボディＢＯＯＫ」は、２００２年に衆議院文教委員会で質問や答弁があった影響から、冊子は絶版、在庫は回収措置となりました。さらに、東京都立七生養護学校では、知的障がいのある子どもたちに対して自分の身体を学ぶ「からだうた」や人形を使用した丁寧な指導が行われていましたが、２００３年には性器付きの人形を教具として用いたり、性行為を教えたりすることに対してバッシングが起こり、東京都教育委員会により教材が没収されました。さらに、２０１８年には東京都議会文教委員会で公立中学校の性教育授業が批判されました。授業では、若年層の望まない妊娠や中絶件数の現状などを伝えましたが、これらは都議員により不適切な性教育だと指摘され、その後に東京都教育委員会が区の教育委員会を指導し、校長会でも注意喚起されたことはまだ最近の出来事です。

現行の学習指導要領には「はどめ規定」により性教育を教えることが難しい状況があります。例えば、小学5年の理科では「人の受精に至る過程は取り扱わないものとする」、中学1年の保健体育科では「妊娠の経過は取り扱わないものとする」として、性交については扱わないことが示されています。もちろん、各学校で必要性があると判断すれば指導することはできますが、実際には実情に合った実践的な性教育や指導のハードルが高い現状があります。

若い年代の望まない妊娠や人工妊娠中絶、ジェンダー不平等、近年特に急増している梅毒などの性感染症、さらには情報化社会の進展によりインターネット上には性に関する情報が氾濫しており、ソーシャルネットワークサービス等を介して性犯罪に巻き込まれることや、性暴力、結婚や妊娠を望まない若者の増加、妊娠高齢化に伴う不妊治療数の増加などが問題となっています。はどめ規定が残る学校で指導する性教育内容と現状では乖離がみられる課題があり、包括的性教育を進めるにあたりこの点も含めて慎重に考えていく必要があります。

日本の性教育は保健体育と理科だけ?

包括的性教育の内容を知ると、実際には保健体育や理科以外にも、学校では性教育内容が広く取り扱われていることに気づくと思います。例えば、家族のこと、恋愛や友情などの人間関係なども性教育であり、特別活動、道徳、家庭、社会、技術など多岐にわたる教科で取り扱いがなされています。しかしながら、様々な学びの機会が確保されていても学習指導要領や文部科学省が作成した資料では、ガイダンスに示されるキーコンセプトが十分に網羅されず、「価値観、人権、文化、セクシュアリティ」「ジェンダーの理解」「セクュアリティと性的行動」「性と生殖に関する健康」では対応率が40％未満という報告もあります。一方で、２０１９年に15年ぶりに改訂された東京都教育委員会の「性教育の手引き」など自治体が作成した資料は、上記よりも高い対応率を示しています。教育委員会は学習指導要領解説に基づき、地域の状況に合わせた教材開発が可能であるため、対応率が高いと考えられます。今後は学習指導要領を基盤としながら、自治体資料を参考にすることも包括的性教育を進める手段の１つです。

また、日本では文部科学省と内閣府が連携し、２０２０〜22年度までの3年間を性犯罪・性暴力対策の集中強化期間とし、２０２３年4月からは子どもを性犯罪の当事者にしないための性犯罪・性暴力対策を目指す「生命（いのち）の安全教育」が導入されました。幼保・小・中・高・大の全国の学校で、９つの指導内容が設定され、自他の尊重、プライベートゾーン、ＳＮＳの危険性、性暴力について、デートＤＶ、ＪＫビジネス、セクハラなど、現代の子どもたちが安心して過ごすための教育内容が含まれ、実施に向けた指導の手引きが公開されています。これらを含めると、ガイダンスの「暴力と安全確保」に対しては対応がなされていることが分かります。このように、教科横断的に見ると日本もある程度ガイダンスに対応している部分があることも分か

ります が、 実際はそれぞれの国や地域で性に関わる課題は異なるため、 日本の課題を踏まえた上で最適なカリキュラムを検討する必要があることへの理解も大切です。

4 さぁ、性教育を考えよう!
――家庭・学校・社会のアプローチ

学校での新たな性教育の動きは?

最近では、学校が産婦人科医や助産師などの専門家に講義を依頼するなど、教育委員会と医師会・産婦人科医会の連携が行われています。例えば、青森県では学校医の中に産婦人科医が入ることになっており、学校医による性教育が行われています。東京都では、2022年度より産婦人科学校医を任用する新規事業を開始し、個別相談可能な体制が確保されています。性教育は個人や人生において重要であり、各自治体による対応が実施されていますが、プライベートでセンシティブな内容も含まれることから指導が難しいと感じる部分もあると思います。その際には、次に紹介する実際に活用できる教材や情報源を知ることで進めやすくなります。

貴重な情報源はどこにある?

教科書・指導用ノートのほかに、前述の東京都教育委員会による「性教育の手引き」など、最近更新されている各自治体の教育委員会による指導の手引きが参考になります。そのほかにも、Q&A形式で記載されている「学校医と養護教諭のための思春期婦人科相談マニュアル」や、厚生労働行政推進調査事業費補助金により作成されたパンフレット「♯つながるBOOK」など教育現場で活用しやすい冊子や資料もあります。「♯つながるBOOK」は高校生向けの性教育冊子で、インターネットでも閲覧・ダウンロードが可能であり、恋愛編、SEX編、月経編、妊娠編、性感染症編に分かれてイラスト付きで説明されており、信頼できる情報源としてWebサイトの紹介や匿名で相談できる窓口なども紹介されています。最近では、ガイダンスを参照して作成された教科書「ココロとカラダの大切にしかた入門　ココカラBOOK」が出版され、「自分のからだを大切にする、多様な生き方を尊重し合う、他者とのかかわりの中で生きる」などの内容が記載されています。また、動画資料としては「同意」について学習できる動画（ハートネット72「Consent for kids」など）や、世界中で視聴されている包括的性教育動画「AMAZE」のNPO PILCONによる日本語吹き替え版など活用しやすい動画もあります。そのほか、知っておきたい相談窓口として、一般社団法人日本家族計画協会の「思春期・FP相談LINE」や専門の相談員がさまざまな悩みに対応する電話相談窓口「よりそいホットライン」などがあります。これらの相談窓口は包括的性教育に関する資料や冊子にも多く示されていますので、ぜひ調べてみてください。

家庭で育む性教育の大切さ

学校での性教育を進める一方で、家庭での性教育も同様に大切です。実際には、家庭でできる性教育の機会も多く、例えば家族でテレビを見ていてドラマでキスシーンやラブシーンが流れた時など、性教育の機会は多々存在します。そのような際には『おうち性教育はじめます』シリーズ（ＫＡＤＯＫＡＷＡ）など家庭で活用できる本もありますので、ぜひ参考にしてください。最後に、性に対しては家庭・学校・社会がそれぞれのアプローチが大切です。日本の現状も理解し、様々な教材や機会を見つけ、子どもたちと共に学びながら、ぜひ性教育の実践や相談できる環境を整えることを意識してみてください。スモールステップとして、まずは大人の皆さんが自分の身体と心を大切にするところからスタートしてみてはいかがでしょうか。

【参考文献・資料】

・浅井春夫ほか『性教育はどうして必要なんだろう？：包括的性教育をすすめるための50のQ＆A』大月書店、２０１８年。
・浅井春夫『わが国の性教育政策の分岐点と包括的性教育の展望―学習指導要領の問題点と国際スタンダードからの逸脱―』「まなびあい」11巻、２０１８年。
・五十嵐敏雄『これからの性教育―タブー視せずにポジティブに捉える―』「産科と婦人科」第8巻5号、２０２３年。
・橋本紀子ほか『教科書にみる世界の性教育』かもがわ出版、２０１８年。
・林雄亮『青少年の性行動はどう変わってきたか―全国調査にみる40年間―』ミネルヴァ書房、２０１８年。
・林雄亮ほか『若者の性の現在地：青少年の性行動全国調査と複合的アプローチから考える』勁草書房、２０２２年。
・藤原昌太『国際セクシュアリティ教育ガイダンスと学習指導要領との対応を検証する』「体育科教育」２０２４年8月号、２０２４年。
・門馬美佳『ユースクリニック 思春期の悩み、気軽に相談』「公衆衛生」第88巻3号、２０２４年。
・ユネスコ編、浅井春夫ほか訳『改訂版　国際セクシュアリティ教育ガイダンス―科学的根拠に基づいたアプローチ―』明石書店、２０２０年。

第7章

「女子〇〇」はあるのに「男子〇〇」がない世界を変える

——スポーツの世界はジェンダー問題で溢れている

來田　享子

スポーツは「世界を映し出す鏡」だと表現されることがあります。この言葉のとおり、国内のスポーツには日本社会のジェンダーにもとづく不平等が映し出されています。身近な例をあげてみましょう。様々なメディアでは競技名に「女子」を加えた表現をよく見かけます。女子サッカー、女子ボクシング、女子ラグビー……などです。では、試しにネット上のニュース記事について、サッカー、ボクシング、ラグビーなどの競技名だけで検索してみてください。検索結果として表示されるニュースは、ほとんどが男子の競技を扱う内容です。代表選手を表現するなどの例は見られますが、記事の作り手と読み手の双方が「競技名＝男性が実施するスポーツである」と理解していることがわかります。そして、その理解に疑問が持たれることはほとんどありません。

この身近な例は、スポーツに関わるアンコンシャス・バイアス（無意識の偏見や思い込み）のひとつです。なぜ私たちはこうしたバイアスに気づかないのでしょうか。スポーツ界や学校での体育は、身体に関わる文化です。そのため、長い間、身体に違いがあるから異なる扱いになるのは当然だ、体力に性差があるから男性が優れていると扱われるのは仕方がないことだ、と考えられてきました。参加の機会を平等にしたり、競技の公平性を保つために、女子と男子を区別して競い合うのは当然の仕組みで、競い合いのレベルが高くなるほど、それは合理的だと受け止められてきました。この受け止めがあるために、合理的な区別と不平等の違いが見逃されやすいことが指摘されています。

学校では体育の授業、運動部活動、運動会（体育祭）など、スポーツに関わる場面が多くあります。また、スポーツは様々なメディアで取り上げられ、スポーツの好き／嫌いにかかわらず情報を受け止めることになります。スポーツは世代に関わらず、誰にとってもかなり身近な文化のひとつになっているといえるでしょう。

一方、過去1年間にまったく運動をしなかった割合は、女子では中学校期14・2％、高校期24・3％、男子では中学校期3・6％、高校期10・9％と、男女で大きな違いがあります。また、運動部活動などで週5日以上「ややきつい」運動を実施した割合は、中学校期では女子26・4％、男子39・7％、高校期では女子19・6％、男子42・3％です。いずれも女子の実施割合が20〜22ポイント低い現状があります。中学校期以降の女子のスポーツ離れ現象は10年以上続いていること も明らかになっています（笹川スポーツ財団、２０２４年）。15歳までにスポーツを辞めてしまう女子の割合は、男子の2倍というデータもあります。こうしたデータは、身近な文化であるはずのスポーツへの関わりには、ジェンダーによる違いがあることを示します。

この章では、スポーツにどのようなジェンダー不平等が映し出されているのか、それを解消する取り組みとしてどのような挑戦ができるのかを紹介します。

1

「女子〇〇」はあるのに「男子〇〇」がないのはなぜか

スポーツ文化の発展とその時代背景から考える

私たちが学校で経験したり、メディアを通して知るスポーツの多くは、18世紀末から20世紀初頭にかけて欧米を舞台に人々の遊びが変化した後のものです。18世紀後半、イギリスでは産業革命が起き、それはヨーロッパを中心に広がりました。この影響は、社会の経済的な側面だけでなく、近代国民国家の帝国主義化という政治的な側面にも変化を与えました。この変化は「近代化」と呼ばれ、この時代の精神を反映したスポーツは「近代スポーツ」と呼ばれます。では近代産業社会の精神のどのような特徴が反映されたのでしょうか。

産業が近代化する中で、人々は専門性を高め、組織的に活動することを通して、他者よりも速く、効率的、合理的に生産性を高めようとしました。生産の成果を客観的な数字で評価し、競争の中で成果を高めることが大切だと考えました。このような価値観は、現在でも競争的なスポーツの中に根づいています。また、国家の帝国主義化を支えたのは、産業の達成をさらに高めるために、植民地を獲得して領土を広げ、資源を入手し、市場を拡げる必要性でした。生産と軍事を柱にした社会の主な担い手は男性であると考えられ、性別役割分担が進みました。特に社会のリーダーとなるべき中上流階級の男性のための教育機関では、勇気・精力・忍耐・自制・規律・協同等の能力を身につけることが重視されました。こうした能力は「男らしさ」と結びつけられ、それを育むための教育ツールとして近代スポーツは男性たちに楽しまれて発展し、植民地にも広がりました。

高等教育を受けたかった女性たちの「強力なアイテム」としてのスポーツ

男性が楽しむ文化として発展した近代スポーツは、女性には激しすぎ、実施すべきではないとされていました。背景には、18世紀以降の解剖学や医学が女性と男性の身体の生物学的な違いを強調したことがあります。それでも近代スポーツを楽しみたいと考える女性は次第に増えていきました。たとえば1880年代の少女向け週刊誌「ガールズ・オウン・ペーパー」には、テニスの楽しみ方の紹介記事が掲載されるようになり、女性の近代スポーツが少しずつ社会に公認されるようになったことがわかります。しかし、裾の長い窮屈なスカートや花飾りのついた帽子は、女性たちが存分にテニスを楽しめる姿には見えません（**図1**）。

この服装に見られるような「女性らしさを失わずにスポーツをする」という女性身体への抑圧は、女性の権利向上を求める運動などの影響によって変化していきまし

図1　1882年の少女雑誌に掲載されたテニス
（Girls Own Paper, Vol.3 No.139　p.761, 1882年8月26日号より）

た。

影響のひとつは、高等教育機関への女性の参加を推進した運動でした。たとえばイギリスでは1869年にケンブリッジ大学に属する初の女子カレッジであるガートン・カレッジが設立されました。こうした先駆的な機関で女性が学ぶ権利の獲得に力を尽くした教育者たちは、女性たちに体育や近代スポーツを奨励しました。体育や近代スポーツは、女性たちが男性並みの教育に耐えられるようにするため、あるいは男性と同等の教育を受ける資質があることを証明するための強力なアイテムだと考えられたのです。

設立から間もない時期のガートン・カレッジの機関誌には、女子学生たちがテニスコートの中で女性らしさを失わない振る舞いに注意を払っていた様子が描かれています。しかし20世紀を目前にする頃には、強いボレーや鋭いバックハンドなど、以前には女性らしいとは見なされていなかった激しいプレーが称賛されるようになっていった様子がうかがえます。

スポーツにおける性の二重規範

男らしさの対局にあるとされる女性たちが近代スポーツに参加することは、男性たちや彼らが設立したスポーツ組織にとって、想定外のことでした。女性が活発な身体活動を楽しむことに対する抵抗は、非常に強いものでした。そのような社会で近代スポーツに女性が参加する道を開いたのは、帝国主義的な時代の風潮の中で培われた良妻賢母の思想を唱えるフェミニズムでした。この思想では、強い兵士を産み育てる健康で健全な母が理想とされました。

この理想があったために、女性と男性が同じ競技を行った場合でも、それぞれにとっての目的や教育的な効果は異なる意味で理解されることになりました。男性にとっては体力とともに勇気・判断・協調性などのリーダーとしての資質をつくるための教育、女性にとっては健康な母体をつくるとともに、優雅な振る舞いや美しい姿勢を身につける礼儀作法、などと位置づけるのがその例です。女性が競技において過剰に競争的であること、荒々しさや粗暴な態度、激しすぎる身体活動などは、特に批判されました。このような異なる位置づけは、近代スポーツにおける性の二重規範（ダブルスタンダード）と呼ばれています。

近代スポーツと女性の関わりに関する以上のような歴史は、現在でも見られる「女性のスポーツは亜流・二流のものである」というイメージの温床になったと考えられます。「競技名＝男性が実施するスポーツである」という扱いに疑問を持たない現状、「女子○○」とは言うのに「男子○○」とは言わないスポーツ界の現状は、こうしたイメージと結びついています。

2 スポーツや体育教育の「いま」をジェンダー視点でとらえる

プレイフィールドの外の女性たち

2024年に開催されたパリ・オリンピック大会では、女子／男子の登録選手数が50％ずつになりました。130年のオリンピックの歴史の中で、はじめて男女同数が達成されました。日本では２０１２年ロンドン・オリンピック大会以降、女子として登録する選手は50％前後が維持されています。一方で、プレイフィールドの外、すなわち役員、指導者、トレーナーとして大会に係わる女性は増えていないことが指摘されています。

図２に日本スポーツ協会に登録している女性指導者の割合を示しました。中央の円グラフからは、そもそも女性の指導者は全体の約20％と少ないことがわかります。また、コーチ１からコーチ４へ、教師から上級教師へと指導レベルが上がるにつれ、割合が大きく減少することも示されています。トレーナーに関しても同様であることが調査研究で明らかにされています。

この状況は、国際的にも示されています。国際オリンピック委員会（ＩＯＣ）のデータによれば、オリンピック大会の技術役員の女性割合は約30％、女性コーチの割合は２０１６年リオデジャネイロ大会以降、10％をようやく超えたに過ぎないとされています（ＩＯＣ、

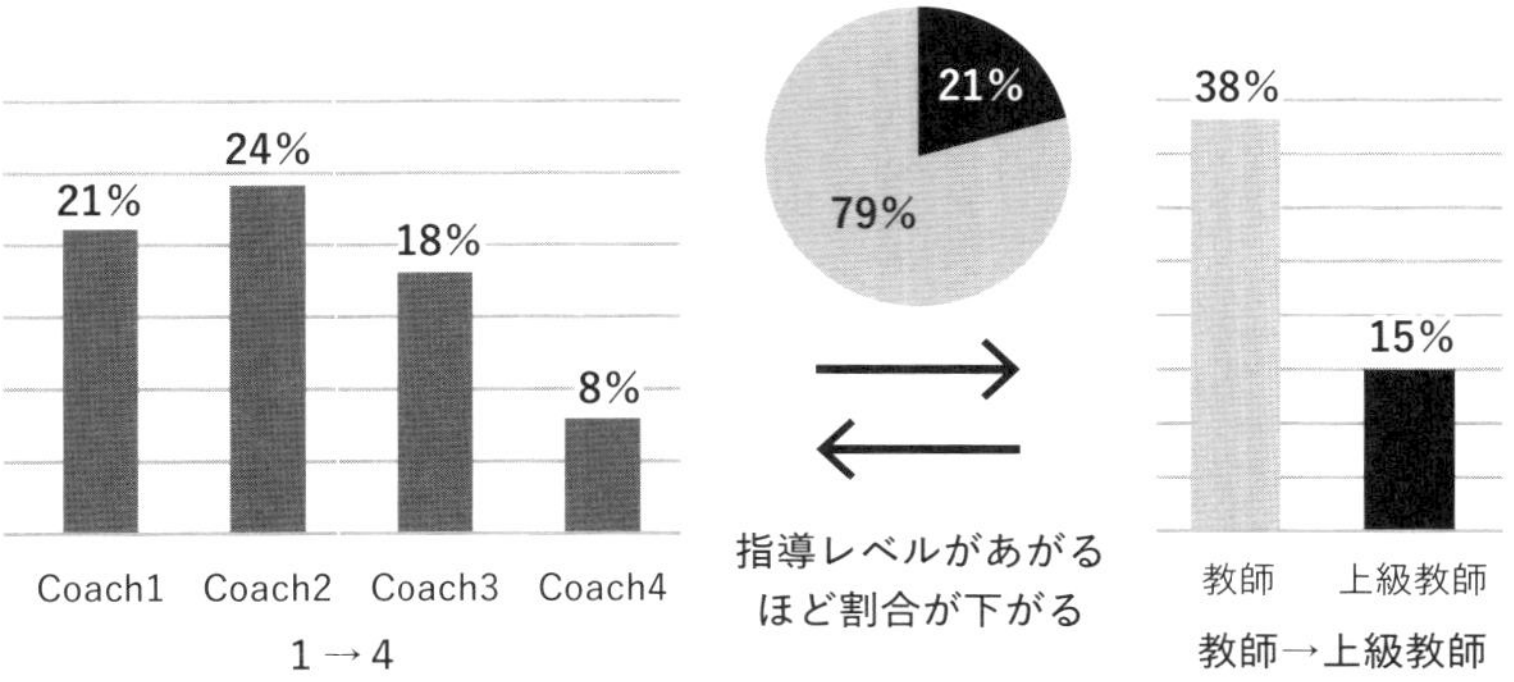

図２　日本スポーツ協会の登録女性指導者の割合

2021年)。

女性はスポーツの指導的立場にふさわしくないのでしょうか? 女性が男子競技の指導者になることに関する興味深いエピソードをひとつ、紹介しましょう。批判的な意見としてよく言われるのは「体力や技術力のない女性は男子競技を教えることはできない」「男子の選手と一緒にプレーできない」「女性には男性の身体や技術のことはわからない」といったことです。そこで「年齢が高く体力の落ちた男性指導者はどうしているのですか」「男性指導者は女性の身体や技術のことはわかるのに、なぜ女性には男性のことはわからないのでしょうか」と問い返してみます。たいていの場合、沈黙が訪れ、回答は得られません。批判の論理が合理的ではないためです。

加えて、女性が指導的立場で活躍しづらい背景には、家事・育児・介護などの負担が女性に偏っている社会の現状があります。この現状は社会の構造上の課題であり、ここにも社会の現実がスポーツに映し出されているといえます。

スポーツ・メディアに映し出される課題と希望

表(次ページ)に、2024年7月のある2日間のWebニュースの見出しトップ8を示しました。2日間、合計16の記事のうち、女性選手を扱ったのは3記事しかありません。このうち2つの記事の見出しは「C騎手勝利、左手指輪きらり」「男子K選手のいとこ新記録」です。一方は、スポーツとはまったく無関係なプライベートな出来事を添えた見出しになっています。もう一方は、女性選手自体が見出しには描かれず、男子選手の「いとこ」としてしか扱われていません。

Ｗｅｂニュースではクリック数を稼ぐための見出しがつけられることが多く、実際に記事を読んでみると見出しと内容がずれているケースはよくあります。この傾向の影響もあって、メディアで扱われるスポーツにはジェンダー・バイアスがあることが、**表**からは理解できます。性別や世代にかかわらず、私たちは日常的にジェンダー・バイアスに満ちたスポーツ・メディアに接しているということです。この現状は、女性にとってスポーツは縁遠いもの、積極的に関わらなくても良いものというイメージが生成されていく可能性を示唆します。

一方で、オリンピックを報じるメディアでは、ジェンダーやセクシュアリティにもとづく差別や不平等にノーを突きつける選手たちが描かれるようになっています。２０２０年五輪（東京）では、ドイツの選手団がユニタードを着てプレーする場面がありました。ユニタードは足首までを覆うウェアです。このプレーには、体操競技選手の身体に性的な視線が向けられることへの抗議がこめられていました。また、ＩＯ

表　2024年７月のある２日間のWebニュース見だしトップ８

♂サッカーＡ選手移籍	♀体操Ｇ選手が引退
♂野球Ｂ選手復帰！	♂野球Ｈ監督・電撃解任
♀Ｃ騎手勝利、左手指輪きらり	♂野球伝統戦盛り上がる
♂野球Ｄ選手残留	♂野球Ｉ監督完封負け責任
♂野球Ｅ選手通算○号	♂サッカーＪ選手負傷
♂野球Ｅ選手日本勢初	♀男子Ｋ選手のいとこ新記録
♂Ｅ選手のボールをキャッチ	♂Ｌ選手６月メンタルきつかった
♂Ｆ選手の長男が好投	♂男子アイドル聖火リレー大歓声

Cがジェンダーやセクシュアリティにもとづく差別を認めないとする方針を強く打ち出すようになったことにより、LGBTQ+当事者である選手が活躍する姿が世界に報じられるようになっています。2024年五輪（パリ）では、LGBTQ+であることをカミングアウトする選手は2012年五輪（ロンドン）の8倍以上となる199人に急増しました。これらは、スポーツ・メディアにはジェンダー平等の達成に貢献する影響力がある、という希望を示す事例です。

スポーツ・メディアは、スポーツを通して社会全体のジェンダーやセクシュアリティにもとづく差別や不平等を増幅・再生産させる場合もあれば、解消に向けた動きを引きだす場合もあること、自分自身がその影響の中で日常生活を送っていることを意識する必要があります。

ジェンダー視点から考えられる「体育ぎらい」

児童や生徒の「体育ぎらい」や「苦手意識」にどのように対応すれば良いかについては、多くの研究があります。しかしそれらの対応策は十分な効果を上げているとはいえないことから、最近ではジェンダー視点からこの問題を解決する新たな研究が進められています。たとえば、学校体育が競技的なスポーツを中心に構成されているために、競争性やジェンダー規範が強化され「体育ぎらい」になっていく生徒がいるという指摘があります（井谷ら、2022年）。また、男はスポーツや身体活動ができて当たり前だという期待に応えられない男子生徒が「体育ぎらい」になっていくことも指摘されています（三上ら、2022年）。筆者の研究室の大学院生による研究では、中学校時代の体育が嫌いだったという男子大学生があげた嫌いな教材種目第1位は

「球技」であるという調査結果が示されました（天野、２０２３年）。男子は球技ができるものだと決めつけるジェンダー規範による抑圧が影響していると考えられます。さらに、女子生徒たちには多くを求めず、男子生徒にはがんばらせる体育教師の発言によって女子生徒が「女子は体育を一生懸命やる必要はないのだ」と感じるという研究結果があります（片田、２００８年）。この研究結果は、性別で生徒を一括りにし、異なる扱いをする教師の発言は、生徒個人の能力を伸ばす機会を失わせてしまう可能性を示しています。

3 学校の体育や運動部活動から変化を生み出そう

変化をめざすための世界での取り組み

近年のスポーツ組織や欧州連合（ＥＵ）などのスポーツ政策では、女子児童・生徒や成人女性のスポーツ離れが進むことに対する取り組みが行われています。これらの政策では、スポーツへの女性のアクセスを阻む障壁を５つにまとめています。その上で、それぞれを解決するための施策を進め、一定期間毎に進捗を確認し、施策の改善が行われています。

どの障壁にも影響を与える第一の障壁は、ジェンダー規範です（以下、図3参照）。現在実施されている多くのスポーツになぜ、どのように影響しているかについては、ここまで本章で見てきたとおりです。規範の解消は容易ではありませんが、スポーツへの参加を促進するだけでなく、プレイフィールド外の女性にも着目した施策やアライ（盟友）としての男性の重要性を高めること、メディア報道の変化を求めることなどが必要だと考えられています。

これに加え、①力強さやスピードを強調するだけではない、女性にフィットするスポーツの雰囲気や環境を作ること、②性に関わる暴力、搾取、虐待をスポーツ界からなくすこと、③女性のからだと心の発達に適合するスポーツプログラムを生み出していくこと、④選手、コーチ、審判、役員、トレーナー、メディアの作り手など、スポーツ分野で活躍する様々な女性のロールモデルを育て、可視化すること、が強調されています。

教師や運動部活動の指導者にできる挑戦

では、学校教育や運動部活動の現場で教師や指導者には何ができるでしょうか。ここでは２つのポイントをあげておきます。

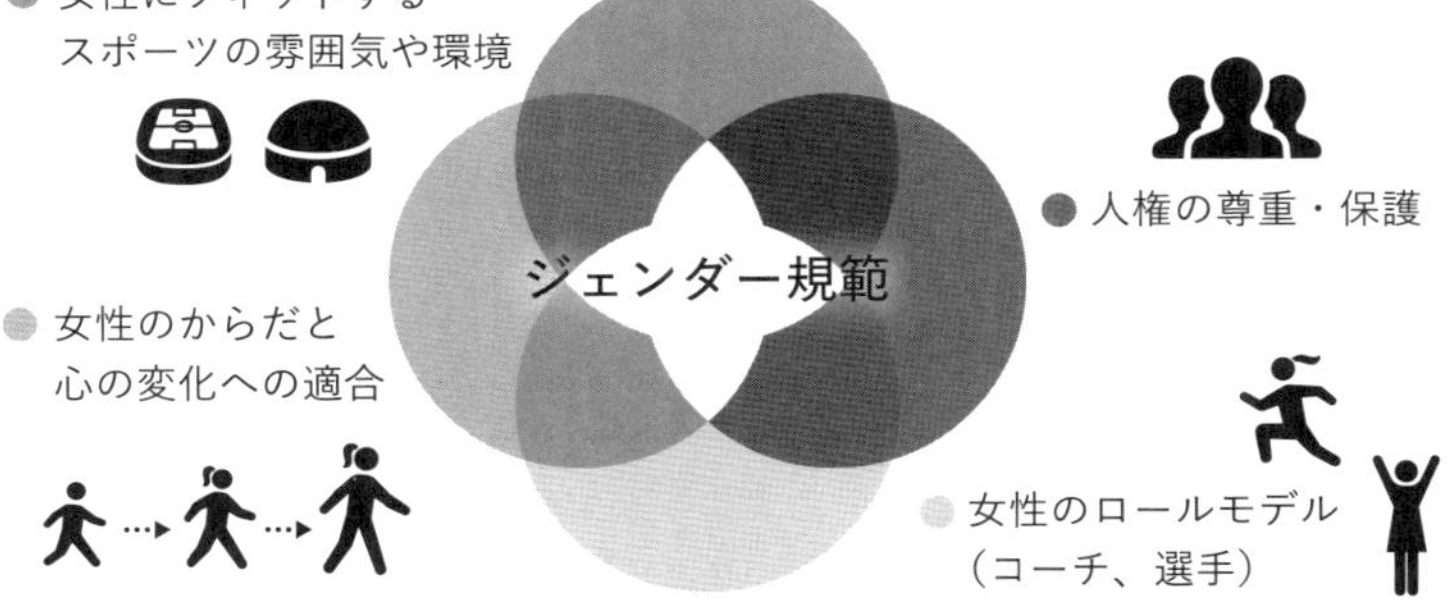

図３　女性のスポーツ参加／参画を阻む５つの障壁（來田、2024年）

①男女別カテゴリーに固執しない

競技会などでは女子競技／男子競技のように、男女別カテゴリーが用いられます。これは、できるだけ公平な競い合いの場を作るためのスポーツ上の単なる制度です。性には多様性があることが理解されるようになった社会では、本人の性自認や身体の性のあり方とスポーツの制度上のカテゴリーが一致するわけではないことが指摘されるようになっています。

２０１７年に改訂された中学校学習指導要領保健体育編の解説に、教師は「体力や技能の程度、性別や障害の有無等にかかわらず、運動の多様な楽しみ方を共有することができるよう留意すること」が示され、原則として男女共習で学習することになりました。なぜでしょうか。

児童や生徒はいずれ社会に巣立っていきます。そこでは体力や個性が異なる人々が共に生きることになります。体育は、そのような社会で人生を充実したものにするためのかけがえのない準備の機会です。中学校教育段階に限らず、体育には、体力差や身体能力差を含めた様々な違いを理解しあい、協力して目標をめざすという点で、他の科目にはない重要な役割があるのです。

男女共習には、ユニフォーム、用具、運動負荷によって男女を区別する方法ではできなかった利点があります。それは、教師自身が個人の能力を伸ばし、個人の挑戦をあきらめさせない工夫を楽しむことができる点です。スポーツの単なる制度である男女別カテゴリーに固執する必要はありません。少子化の中で運動部活動も性別に関わらず実施する例が見られるようになっています。

児童や生徒を性で一括りにしてとらえる考え方は、スポーツ場面での性別役割分担を肯定することにつながる場合があります。たとえば、運動部活動のマネージャーは女子、キャプテンは男子、というような慣例的な性にもとづく役割分担をしていないか、見直すことも大切です。

②スポーツ組織の取り組みを参考にする

バスケットボールなどの身体的接触があるスポーツを教材とする体育の男女共習や体力差がある児童生徒が一緒にスポーツをすることについて、教師が安全面での不安を抱えることがあります。また、運動したがらない女子の児童や生徒にどのようにアプローチすれば良いか難しいという声も聞かれます。

近年では、いくつかのスポーツ組織が先行事例となる取り組みをしています。そうした取り組みを参考にすることで、これまでにない授業づくりができるかもしれません。

知的障害のある人たちにスポーツ活動を提供する国際的な活動にスペシャルオリンピックスがあります。この活動では、ルールをわかりやすく説明したり、用具を工夫した「ユニファイドスポーツ」が提案されています。ユニファイドスポーツは、障害のない人が知的障害のある人の「ために」支援するのではなく、同じチームで「ともに」楽しむことを重視します。障害の有無によって学びの場を区別することが多い日本では、「同じチームでゲームをするなんて……」と実施する前に無理だと諦めてしまう教師がいます。しかし、無理ではないことがスペシャルオリンピックスの活動によって理解されるようになってきています。この活動では、参加する児童や生徒のそれぞれにとってチャレンジングな質を確保するために、年齢・性別・体力・競技能力が同じになるチームによって競技を実施したり、予選を勝ち抜く場ではなく、競い合いのレベルを調整するための場として活用する（ディビジョニング）なども試みられています。

またNGO団体による「スポーツを通じた女の子の支援活動」の取り組みから生まれた指導者向けガイド（ローレウス・スポーツ・フォー・グッド財団、２０２４年）もあります。このガイドでは、女子が安心して安全にスポーツに参加し、スポーツからポジティブな影響や効果が得られるようにするために、指導者が留意し、挑戦する７つのアプローチが紹介されています。

スポーツには、身体に関わる文化だからこそ気づく必要があるジェンダーに関わる課題があります。同時に、スポーツだからこそ変化のための挑戦ができることもあります。現在は、教師になるための学びにスポーツの視点でジェンダー平等を考える科目を設置している大学等はまだまだ少ない現状があります。身体を通したジェンダー平等の学びは、健康で自分らしく生きる基盤となることから、教師が果たす役割は重要です。

【参考文献・資料】

・笹川スポーツ財団『子ども・青少年のスポーツライフ・データ２０２３』２０２４年。
・Girls Own Paper Vol.3 No.139（１８８２年8月26日号）、１８８２年、７６１ページ。
・井谷惠子ほか・三上純・関めぐみ・井谷聡子「カリキュラムの多層性からみた『体育嫌い』のジェンダー・ポ

リティクス」「スポーツとジェンダー研究」20号、2022年、6〜19ページ。
・三上純・井谷惠子・関めぐみ・井谷聡子「体育におけるヘゲモニックな男性性の構築：『体育嫌い』の男性の声から」「スポーツとジェンダー研究」20号、2022年、20〜35ページ。
・片田孫朝日「体育指導における性別カテゴリーの使用──高校体育の持久走授業の場面記述から──」「スポーツとジェンダー研究」6号、2008年、30〜41ページ。
・天野薫平「中学校期の「体育嫌い」の要因に関する研究──ジェンダー規範や体育カリキュラムの視点を質問項目に加えた大学生への調査から──」中京大学大学院スポーツ科学研究科修士論文（未公刊）、2023年。
・ローレウス・スポーツ・フォー・グッド財団『女の子のスポーツ参加を促す指導者ガイド』2024年（https://www.playacademynaomi.com/wp-content/uploads/2024/08/Japanese-Coaching-Guide-for-Girls.pdf）。

コラム 5

台湾のジェンダー平等教育の最前線

磯部　香

台湾は人権立国と称されるが、ジェンダー平等教育の推進は決して順風満帆であったわけではない。2000年にセクシュアリティに関するいじめに起因した痛ましい生徒の死亡事件が発生し、これを発端として「多様なジェンダーの平等」を希求し、2004年に「両性平等教育法（男女平等教育法）」が「性別平等教育法（ジェンダー平等教育法）へと改正された。一方で「多様なジェンダー平等教育」への反対運動も起こった（劉霊均「性的少数派—同性婚合法化への道のり・終わらない闘い—」赤松美和子ほか編著『台湾を知るための72章【第２版】』明石書店、2023等）。

だがこの20年間、台湾の学校ではジェンダー平等教育が続けられている。筆者は2024年２月に高雄市・台北市・新北市の４つの中学校を訪問し、授業見学、管理職の先生・ジェンダー平等教育の主任の先生方と意見交換を行った。その結果、学校教育にジェンダー平等教育が確実に浸透していることが分かった。法律の下、学校は教職員、子どもたちの性自認や性的指向を尊重すること、小中学校は極力あらゆる教科にジェンダーに関する内容を入れなければならないこと、毎学期４時間はジェンダー平等教育に関する活動を実施することになっており、その中には性教育も含まれている。英語の授業では、ＣＭを教材とし職業に係るジェンダー・ステレオタイプを生徒が自覚しながら、意見を述べるという先進的な内容であった。教員のみが関わるのではなく、スクールカウンセラーとスクールソーシャルワーカーが必ず学校に常駐しており、問題が起きた場合は必ず連携するというシステムが確立していた。

台湾ではジェンダーの視点だけが特別視されているわけではない。様々な課題とジェンダーをかけ合わせ、多文化共生を学校教育で実現させようとしている。台湾のジェンダー平等教育は日本の学校教育にも多くのヒントを与えてくれるであろう。

第8章

外国にルーツを持つ児童生徒が抱えるジェンダー問題

嶺崎寛子

1 外国にルーツを持つ児童生徒

本章では、外国にルーツを持つ児童生徒を扱います。しかし日本では、その正確な数などの全容は不明です。日本は国勢調査で移民統計（出生地とは異なる国に居住している者。ここでは外国に生まれて日本に居住する者の統計。国籍は問わない）や宗教統計を取っていません。従って外国にルーツを持つ人やその子どもたちの正確な数や信仰する宗教などの詳細は、外国人登録などに基づき推測するしかありません。加えて、外国にルーツを持つ児童生徒のうち、日本人との「ハーフ」[(1)]は日本国籍を持つため、彼ら／彼女らは外国籍とも限りません。

外国人児童生徒については、2019年に文部科学省が初となる全国的な調査「外国人の子供の就学状況調査」を行い、以降毎年調査がなされています。23年の調査によれば、23年に学齢相当の外国人の子どもは15万6995人（小学生相当10万6540人、中学生相当4万4155人）、うち不就学は8601人と、引き続き増加傾向にあり、今後も増えていくでしょう。日本語指導が必要な児童生徒の数も増えています。2019年には「教育の推進に関する法律」が制定され、指導等の充実とそのための制度の整備、教員の養成と就学支援などに必要な施策を国が講ずるものとされました。2020年に文科省は「外国人の子どもの就学促進及び修学状況の把握等に関する指針」を出し、就学状況の把握や就学案内等の徹底、学校の円滑な受け入れや行政機関との連携の促進をうたいました。文科省は関連情報検索サイト「かすたねっと」も作っています。

そもそも教育を受ける権利は国際人権規約や子どもの権利条約などに基づく国際的に保障された権利で、国籍や住む場所に関わらず補償されるべきです。近年、国も積極的に外国人児童生徒の就学へ向けた対策を取りつつあります。彼ら／彼女らは外見も国籍も母語も多様で一括りにはとてもできない一方、日本で育ち、日本で教育を受けるという共通点があります。彼ら／彼女らが最初に知る日本社会は学校です。学校を通じて日本文化を学ぶ保護者も少なくありません。

現場に目を向けると、外国にルーツを持つ児童生徒は愛知県、神奈川県、東京都、大阪府や静岡県などに偏在しており、集住地域を抱える各自治体レベルでは対応が蓄積されてきています（市瀬、２０２１年）。しかし、具体的な方法論やTipsの共有が全国的になされているとはとても言えません。自治体によるばらつきが大きく、属人的な対応に終始しているのが実態です。教員向けのガイドや入門書もあります（例えば荒巻ほか編、２０２２年、小島編、２０２１年、田中、２０２１年）。しかしジェンダーや宗教への目配りは残念ながら十分とは言えません。

したがって本章では、主として教員や教員志望の人、外国にルーツを持つ方と関わりのある人などに向けて、実際に現場で外国にルーツを持つ児童生徒を受け持つ際に知ってほしいことをまとめました。その際には、インドネシアなどから今後増加が見込まれるムスリム（イスラーム教徒）児童生徒を中心に記述します。彼ら／彼女らは給食が食べられない、ヴェールをまとうなど、日本文化とは異なる宗教的・文化的習慣のため可視化されやすく、学校で同調圧力やいじめの対象になりやすいからです。さらにムスリムの児童生徒には、ジェンダーによって体験がかなり異なるという特徴があります。

2 親との接し方

保護者は異文化で育ち、日本に移住してきました。日本人にとって当然のことが、保護者にとってはそうではないことは、ままあります。学校文化も同様です。無償の教科書がいつまでも届かない、赴任したはずの先生が来ない、超大人数学級、先生が薄給で、教え子に自分を家庭教師にせよと迫る……などは、途上国では実際に起きています。教育、特に公教育の質には国によって天と地ほどの差があります。パキスタンなど、義務教育でも留年制度がある国もあります。それらの国出身の保護者は、留年していないからうちの子は大丈夫、と思い込んで、子どもが日本語がわからずに学校で勉強についていけていないことすら、把握していなかったりします。

教員にとって当たり前の、しかし日本独自の学校文化は、実はかなりあります。子どもたちによる掃除、学活、運動会、修学旅行、授業参観などが母国にはなく、想像すらできない保護者はいます。あるパキスタン人のご両親は「運動会に応援に行かないんですか？」と聞いた私に対し「子どもがエクササイズしているだけでしょう？　なんで見に行かないといけないんですか？」と答えて、私を驚かせました。3人兄弟の一番上の、当時中2だったお子さんに確認したところ、

「先生には小学生のころから『運動会、大事だよ。親に話して連れておいで、お弁当どうするの』とか聞かれるんだけど、親はあんな調子だから。運動会とか、わかんないから。もう諦めた」と語っていて、子どもが板挟みになっていました。特に第一子の時に、こうしたトラブルが目立ちます。このご両親も末っ子の時は小学校の運動会に参加していました。新学期の早い時期に、1年間の学校行事や日本の学校文化について、保護者と話す機会を持つことは有効です。

しかし、日本語を母語としない保護者とのコミュニケーションは、それ自体が大きな課題です。例えばパキスタンのムスリムのお母さんの多くは、専業主婦で家にいることが多く、日本語が得意ではありません。日系ブラジル人、フィリピン人などにも、日本語が得意ではない保護者は多くいます。忙しい学校現場で、通訳に来てもらうのは多くの場合、日程調整や予算の関係で現実的ではありません。ポルトガル語などの場合はポケトークなどを活用できますが、そもそもポケトークがどの程度正確に訳しているのかが教員にわからないので、不安があります。

通訳の代替とまでは最初はいかないでしょうが、現場でできることとしてお勧めしたいのが、「やさしい日本語」で話すことです。日本に住む外国人の多くは、コミュニケーションに英語や母語ではなく、やさしい日本語を求めている、という調査結果があります（文部科学省、2020年）。日本に適法に一定期間以上在住している外国人のうち、日常生活に困らない程度以上に日本語を話せる人は82・2％にも達します。日本にいる外国人の母語は様々であるがゆえに、外国人が希望する情報発信言語の1位は、非ネイティブの訳した母語（10％）でも機械翻訳された母語（12％）でも日本語（22％）でもなく、英語（68％）をも押さえて、やさしい日本語（76％）でした。外国人の保護者と話すときは、日本語の日常的な語彙を使い、曖昧な言葉や二重否定を避けるなどし、やさしい日本語を意識して使ってください。例えば「家庭訪問を行います」ではなく「あなたのお家に行きます」と、「体操着と赤白帽以外は必要ありません」ではなく「体操着と赤白帽を持ってきてください」と、「夜7時以降は電話はつながりません」ではなく、「午後7時までに電話してください」と言い換えましょう。

児童生徒に翻訳をさせるのはできるだけ、避けましょう。子どもに翻訳を任せるのは、ヤングケアラーと同じで、子どもに過重な負担を強いることだからです。手続きのために日本語のわかる人を連れてきてください、と言われた親が、役所などに子どもを学校を休ませて連れていくことがあります。しかし煩雑かつ専門的な手続きの翻訳は中高生の手に余るし、ましてや小学生には非常に荷が重い。学校現場でやむなく児童生徒に通訳をお願いする際も、子どもたちの語彙力に応じたやさしい日本語を使うことは、最低限の配慮として必要です。

外国生まれのムスリムの保護者は程度の差こそあれ、男女の混在が前提の日本の学校文化に戸惑われる方が多いです。パキスタンやイランなどでは中学以降は男女別学が一般的なので、日本の公立学校の男女共学や、プールの授業が男女混合で行われることに強い忌避感を抱く方もいます。プールの授業などは、子どもの意思を尊重しつつ、他の課題で振替えるなどする方が建設的です。プールの不参加は認められたが、希望したのに振替えの運動などが課されず、体育の成績を1にされるなどの不利益を被った生徒や、プールの傍での見学以外に選択肢がなくて熱中症になった児童がいました。実際に日本のプールの授業のために、日本の学校には娘を任せられないと思ったパキスタン人の父親が、日本人とのハーフの子どもをパキスタンの親戚に預けて、パキスタンで教育を受けさせた事例もあります。学校の対応ひとつで、子どもが日本で教育を受けられなくなる可能性もあるのです。保護者の意見も否定せず、日本の文化を「やさしい日本語」で紹介しつつ、落としどころを探っていくのが現実的ではないでしょうか。保護者も、日本の公立校に入れる以上は、日本文化に子どもがある程度適応することを望んでいます。むやみに拒否的になることはあまりありません。保護者に届く言葉を考えていく必要があります。

3 児童生徒との接し方——ムスリムを中心に

マイクロアグレッション

外国にルーツを持つ児童生徒は、民族や出自ゆえにマイクロアグレッションに晒《さら》されます。頻度はそれぞれです。日本人と外見的に区別がつかなければ頻度は低くなりますし、特徴的な外見をしていれば遭いやすくなります。

マイクロアグレッションは「意図の有無にかかわらず、特定の人や集団を標的とし、人種、ジェンダー、性的指向、宗教を軽視したり侮辱したりする」言動です（スー、2020年）。偏見や無知のため、日々無意識のうちに言葉や態度の端々に出てしまう「差別」です。マイクロアグレッションの厄介なところは、行為者は無意識であること、そして些細で微妙であるがゆえに、それが差別とは言い切れないことです。しかしマイノリティは日常のなかで頻繁にこれを経験します。そしてそれが隠れたメッセージであるために、された側は疲弊しやすいのです。しかし、行為者には相手の傷や痛みが見えず、自分が相手を脅かしていることに気づけません。日本生まれの二世への「どこの方ですか」「いつ帰国しますか」「日本語上手ですね」などの声がけは、外国人は日本社会を一時的に構成するだけで、いつか帰る、日本語が話せない人達という思い込みから来る、典型的なマイクロアグレッションです。

愛知県生まれ・育ちのパキスタンルーツのムスリム男性は、高校生の頃、モスクへ行くために民族衣装を着て自転車に乗っている際に、高確率で職務質問（以下、職質）されたそうです。制服で自転車通学をしているときに職質されたことは一度もなかったそうです。民族衣装だと職質にあいやすい、これもマイクロアグレッションです。[2] アルバイトに応募したら、ヴェールを被っていることを理由にことごとく断られたなどの話は、ムスリム女子高生の「あるある」です。だからこそ、ヴェール着用の女子高生を受け入れたファストフードの特定の店舗に、ムスリム女子高生のアルバイトの応募が集中したりするのです。

学校はマジョリティの児童生徒の素朴なマイクロアグレッションが頻出する場所です。教師がマイクロアグレッションをする側になることも珍しくありません。そんな中で、現状の学校は、教育によってマイクロアグレッションを「学び落とす（unlearn）」場になれているでしょうか。マイクロアグレッションの元となる無意識な偏見や差別を逆に育ててはいないでしょうか。

学校がマイクロアグレッションや差別の現場にならないようにする責任が大人にはあります。そしてそれらの現場に居合わせたら、記録する、助けを呼ぶ、加害者の気をそらす、介入する、あとで対応するなどの行動が必須です。記録があれば後から対応可能ですし、気を逸らせばマイクロアグレッションを止めさせられます。後から当事者に「あの発言はありえないと私も思った」「とっさに反応できなくてごめん」などと気持ちを伝えることは、あなたの側に立っているよ、という何よりのメッセージになります。教員ならば気を逸らす、記録するなどの消極的な対応ではなく、積極的な介入が望まれます。クラスや学校全体の理解を促す対策も必要でしょう。

学校で、外国にルーツを持つ児童生徒が体験したマイクロアグレッションには以下のようなものがあります。ムスリムの事例を紹介します。

「ちょっとＩＳが活発になったあたりぐらいに、『お前爆弾魔なんか？』みたいに言われて『お父さんＩＳと通じてないの』とか言われたりして。それですごく傷ついて」（クレシ、２０２４年、42～49ページ、以下同）

ムスリムとテロリストを安易に結び付ける行為は、ムスリムの多様性や、ムスリムの圧倒的多数が実際にはテロや過激派と無縁である事実を無視しています。親の宗教や出身国という、自分では変更できない属性によって心ないことを言われるという意味で、これは典型例です。

「〈海外のテロ事件に〉社会の先生がやっぱり触れていて、そうするとみんな私を見て、なんでそうなっているのとか言われて。そんな、私に聞かれても、私関係ないから知らないし」

これは代表性の問題です。その教室にいるその属性を持つ者が少ないと、その人がその代表として説明や解説をする役を振られるというのは、日本人も留学した際によく経験するマイクロアグレッションです。イスラームは2020年時点で、19億人が信仰する世界宗教です。ムスリムを親に持つだけの児童生徒にはテロ事件の説明はできませんし、させてはいけません。

「〈英語のテストに〉ムハンマドって書いてあるインク壺がペンを入れたら爆発するっていう絵が出て、それを説明しろっていう問題で〈中略〉僕なんて書けばよかったのかな」

教員の意図を測りかねますが、ムスリムの当事者への配慮が明らかに欠けています。教員のイスラームへの無理解が背後にあるかもしれません。

個別例ごとの対応の重要性

ムスリムの児童生徒は外国にルーツを持つ児童生徒の中でも特に、マジョリティの児童生徒とは異なる生活習慣を持っています。豚を禁忌とするため給食ではなく弁当を持参する、女性の肌の露出を控えるために制服にヴェールを被ったり制服のスカートの下にジャージを履いたりするなど。そのため校内で目立ちやすく、可視化されやすいのです。特に女子にその傾向が顕著です。

「小学校のとき自分だけが弁当だったのはいやだった」

「やっぱりお母さんが作るものは匂いが強いんだよね。〈中略〉で、言われたことある、『カレー臭い』『カレー民族』みたいな。つらかった、それは」
「小学生の頃よく『日本人のお面が欲しい』と思ってた」

お弁当という習慣が母国にない場合は、保護者が作るお弁当はバナナにパンなどとても簡素だったりもします。それが恥ずかしかったし、クラスメイトみたいなお弁当を作ってほしかったけど、とても親には言えなかった、という子もいました。お弁当が食文化の違いを可視化させることから、お弁当自体がつらかった子もいます。

ムスリムの児童生徒にとっては修学旅行もネックです。同性にも肌を見せる習慣がないため、特に女子は、本人も保護者も、大浴場に抵抗を感じます。保護者が修学旅行という学校文化を理解せず、同僚から「枕投げ」という言葉を聞きかじり、男女入り乱れて夜に枕を投げ合う習慣があると誤解し、それに衝撃を受けて、娘を修学旅行に行かせなかった事例もありました。この事例は教職員の丁寧な説明があれば、解決できたかもしれません。

保護者が日本の学校文化を知り、慣れていくにつれ、対処法がわかっていく事例が多いようです。特に第一子と女子への目配りは大事です。ムスリムの女子児童生徒にはプールや修学旅行、門限などの制約が、ムスリムの男子児童生徒より多いことには留意する必要があります。

ムスリム対応のマニュアルが欲しい、という現場の先生方の要望をよく聞きます。一般的な注意点については既に述べました。ただそれをマニュアル化することはできません。医療現場などでもマニュアル化のニーズが高いのですが（細谷、２０２４年）、ぜひ知っていただきたいのは、対応はマニュアル化できない、ということです。イスラームと一口で言えど、宗派が異なれば実践も理解も異なるうえに、宗教に対する態度や感性、家庭教育のされ方などは千差万別で、地域性もあり、とても一括りにはできません。「一括りにできない」ことを肝に銘じてほしいのです。日々の礼拝についても、上の子は校内に礼拝場所を希望し、実際に礼拝したが、下の子は要望すら出さず学校でそもそも礼拝をしなかった、という事例もあります。子どもによってニーズが違い、以前のムスリムの児童生徒の事例通り行えばいい、というわけでもありません。目の前にいるその子が何をしてほしいのか、直接話して、聞き取ってください。本人たちが宗教的に禁忌であるからできない、したくない、と訴えたら、その要望をできるだけ尊重してください。

ところで、幼い頃に女児にピアスをする習慣がある文化は多くあります。南米、欧米の一部、中東や南アジアがそうです。「中学の頃、日系ブラジル人の子たちだけピアスが黙認されてて、ずるいと思ってた」と日本人の大学生が洩らしました。ずるいという感情を抱かせないことは大事です。この場合特例を認めるのではなく、校則そのものを見直すなどして、多様性を包摂できる形に学校の仕組みそのものを変えていく方が、特別扱いするより望ましいのではないでしょうか。

郷に入っては郷に従え、という諺《ことわざ》について、あるパキスタン人の女子生徒はこう言いました。『郷に入っては郷に従え』って諺、嫌い。『ここは日本なんだから』って言われるけど、宗教は場所によって変わらないでしょ？　日本にいるからって私がムスリムじゃなくなるわけじゃない。仏教徒だって、パキスタンに行ったからってムスリムになったりしないじゃん」。外国に住んだとき、すべて郷に従うことがあなたにできるでしょうか。私はエジプトに住んでいたとき、時々無性に納豆が食べたかったし、除夜の鐘のない大晦日が寂しかったです。そういう気持ちを認め合うことは、難しいことではない気がします。

修学旅行の写真を懐かしそうに見せてくれたムスリム女性もいました。彼女たちも同級生と同じように学校行事を楽しみたいし、多少の配慮があれば実際楽しめるのです。個室でのシャワーの許可などは、生理中の女子生徒への対応を応用するだけでよく、さして難しくはありません。臨機応変に希望に寄り添う体制を、教育現場が整えられたらベストではないでしょうか。

可視化される／されないことによる、それぞれの大変さ

マイノリティの悩みやニーズはマジョリティには見えにくいのが現実です。聞こえない親に育てられた聞こえる子ども（コーダ）の悩みと、外国にルーツを持つ児童生徒の悩みは、共通点が非常に多いです（澁谷編、2024年）。ともに二つの文化の狭間に育ち、架け橋になることを期待され、親への説明やフォローなどの細々としたケアを、社会的に求められているからです。

一方でアフリカ系や中東系、南アジア系など、日本人と外見上異なる児童生徒は埋没しようがなく、目立つゆえの悩みを抱えます。アフリカ系と日本人とのハーフの子どもに日本的ではない名前をつけた日本人の保護者に、その意図をたずねたことがあります。その方は、普通の日本名をつけたら、名簿などで名前だけを見た段階では、ハーフかもしれないと想定されない。実際に

会ってハーフゆえに驚かれるという経験を何度もすることになるのは、子どもにとってしんどいんじゃないかと実母が助言してくれたから、名前でハーフだと想定できるように名付けた、と理由を説明してくれました。その配慮の重さを思います。

逆に存在が見えにくいのは、日本国籍を持つハーフの子どもたちです。弟妹の面倒をみながら、いつも母親の体調や気分を気にしていた大学生がいました。彼女に「弟や妹の面倒をみるのはお母さんの役割だと思う。あなたはそれを手放したらどう？　自分の人生を生きたらいいよ」と伝えたとき、彼女は「私のお母さん、フィリピン人なんです。日本語が上手くないから、一人で何でもはできなくて。いろいろ助けてあげないといけないから。〔お母さんは〕手続きとかできないから、まめに帰省しないと」と答えました。彼女は子どもの頃から、母親のフォローをずっとしていたのです。日本名を持つ日本人の中にも、外国にルーツを持つ児童生徒はいます。

見えないことはないことではない、というスタンスで、教育現場は児童生徒と向き合う必要があるのではないでしょうか。既に日本はグローバル化していて、その流れは止められません。日本に生まれ育ち、今後も日本に住み続ける、外国にルーツを持つ児童生徒は既に大勢います。

4 学校現場でアライを育てる、アライになる

外国にルーツを持つ児童生徒は、まだまだマイノリティです（ただし愛知県の知立東小学校な

ど、彼らが大多数を占める学校も日本にはすでにあります）。それは彼らの安心できる学校生活のためには、日本人の児童生徒や保護者、教員の理解と協力が不可欠であることを意味します。

では、理解とは具体的には何を意味するのでしょうか。それはマイノリティを理解し支える者、アライ（Ally）になることです。アライとは、マジョリティ性を有した集団に属しながら抑圧のシステムに対抗し、変革するために行動する人のことです（グッドマン、２０１７年）。

アライに必要とされることは三つです。第一に、特権と抑圧に対する構造的な理解、第二に、自分が経験し得ない抑圧の経験に対する共感、第三に、特権と抑圧の構造の中に、自分を位置付ける能力。この三つを身につけてアライとなり、多角的な視野を身につける必要があります。

第一の構造的な理解の例として、日本の血統主義が挙げられます。血統主義は、子の出生国に関係なく、親の持つ国籍と同一の国籍を与えるものです。出生地主義（生地主義）は、親の国籍に関係なく、その人が出生した国の国籍を与えるものです。アメリカやカナダ、ラテンアメリカの多くの国々は出生地主義です。アメリカなど、出生地主義を採る国には、日本の在日韓国朝鮮人問題のような問題は原理的に存在しません。その国で生まれた人は血統に関わらず国籍が取得できるからです。本章で論じた多くの外国にルーツを持つ児童生徒のうち、日本生まれ・育ちの外国籍を持つ子どもたちは、出生地主義を採る国々では外国人ではなく、自国民です。日本でも日本語で教育を受け日本で育つ二世たちは、現行制度の中では外国人かもしれませんが、日本にこれからも暮らす人々で、いつか祖国に帰る「お客さん」では決してありません。帰化した二世も多くいます。我々は、外国にルーツを持つ人々と違いを認めつつ共生する方法を、真剣に検討する時期をとっくに迎えているのです。

2000年代以降に起きたいくつかの、欧州で生まれ育ったムスリム移民たちが起こしたテロ（ホームグロウン・テロ）は、欧州社会に衝撃を与えました。しかしこのテロの原因は、イスラームが恐ろしい宗教だからではありません。彼らを社会の一員として遇さずに二流市民として扱い、たとえ学歴を得たとしても社会的上昇ができない社会構造が、つまりは移民を包摂することに失敗した社会が、彼らを絶望させ、カルト的なイスラームに接近せしめたのです。二世たちの日本社会への包摂は、一義的には彼らの人権を保障するためです。しかし欧米の事態に鑑みれば、二義的には日本の治安を守るためでもあります。その社会で育ったにもかかわらず社会に受け入れてもらえない人々が、そこで役割を持ち、幸せに暮らすことなどできるでしょうか。

民族衣装ゆえに職質されたかつての高校生は、その後カナダの大学に進学しました。カナダでは民族衣装を着ていても職質されることはなく、「初めて職質されない居心地の良さを知った」と彼は語りました。日本もそのような社会を目指してほしいと、願わずにはいられません。

具体的には、児童生徒の日本語能力を育てつつ、ルーツに対する敬意を持ち、違いに寛容になれるような教育現場が求められています。構造的な問題で現場にはつねに余裕がないので、加配をつけられるよう、転校や入学の際には行政との早め早めの連携が大事である旨、外国にルーツを持つ家庭に情報提供することも有効でしょう。また、折に触れて保護者と積極的にコミュニケーションをとることも不可欠です。ゴールは、彼らに同化を強制することではなく、お互いに違うままで共生していくこと、彼らを包摂する懐の深い社会を目指すことではないでしょうか。

ほとんどの学校現場では、外国にルーツを持つ児童生徒はマイノリティです。比率は地域によっても異なり、多数を占める出身国も地域によって様々です。現実問題として、現場の教員の裁量、つまりは属人的な対応にすべてがかかってしまっています。外国にルーツを持つ児童生徒で、献身的に教えてくれた先生に恩義を感じている方は多いです。日本社会に馴染み、社会人として働き、子育てをする1・5世たちには、この人！という恩師がいます。ある1・5世の4人兄弟は、来日して最初に通った小学校の校長先生が、4人のために毎日日本語の授業を校長室でしてくれた、そのおかげで日本に馴染めた、校長先生は恩人だ、と、熱く語りました。10年以上の歳月を飛び越える、彼らの感謝の熱量はとても印象的でした。

しかし、献身的な一部の先生方の努力にただ乗りするわけにはいきません。将来的には、現場の教員の試行錯誤や成功例などを情報共有し、対応の蓄積を参照できる仕組みが必要です。

本章では、外国にルーツを持つ児童生徒への対応と、その際にジェンダー視点が欠かせないことを論じました。外国にルーツを持つ児童生徒はとても一括りにはできず、対応は到底宗教や国籍別のマニュアルになどできないこと、ニーズを都度聞き取り、個々人に向き合うことこそ重要であると知ることは大事です。具体的には、現場に求められているのは、特に第一子、ムスリムの場合は女子への配慮と、日本の学校文化を共有していない保護者との、やさしい日本語などを用いた丁寧なコミュニケーションです。またマクロレベルでは、自治体や教員ごとに地域的・属人的に蓄積されたノウハウや智恵を全国的に共有していく体制づくりが、有効かつ急務です。

マイノリティのためにそこまでする必要はあるのか、という声をいただくことがあります。2018年にお茶の水女子大学が女子大として初めて、トランス女性の入学受け入れを表明しました。当時の副学長によれば、トランス女性受け入れの際の個室仕様の更衣室の設置などの施策は、トランス女性のみならず、乳がんサバイバーやムスリム女性など、肌を晒すことに抵抗がある他の方々にとっても必要と判断して行われました。トランス女性受け入れを契機に、様々なニーズに配慮がなされたのです。マイノリティが暮らしやすい社会は、別の属性を持つマイノリティもマジョリティも暮らしやすい社会なのだと、お茶大の例は教えてくれています。

外国にルーツを持つ児童生徒を教育現場に包摂するにあたり、以下の四つが、教育現場で今後一層重要になってくるのではないでしょうか。一つ目は「みんなちがってみんないい」というまなざし、二つ目は差別は複合的なものであるという視座（intersectionality）の獲得、三つ目はマジョリティの持つ特権への自覚、四つ目はマイクロアグレッションへの知識と目配りです。それは、学校を誰にとっても居心地の良い場所にするための大事な一歩です。

【注】

(1)差別的な含意をも持つ言葉ですが、当事者たちの自称でもあること、広く認知されていること、別の呼称も問題含みであることから本章ではハーフを使います。
(2)レイシャルプロファイリングは人権侵害であるとして、2024年1月29日、「人種差別的な職務質問をやめさせよう！」訴訟が東京地方裁判所に提訴されました（https://www.call4.jp/column/?p=2611）。

【参考文献・資料】

・荒巻重人ほか編『外国人の子ども白書　第2版』明石書店、2022年。
・市瀬智紀「外国人児童生徒の散在地域における支援ネットワークの達成状況に関する一考察」『宮城教育大学紀要』56号、253〜261、2022年。
・グッドマン、J・ダイアン『新のダイバーシティを目指して：特権に無自覚なマジョリティのための社会的公正教育』ぎょうせい、2017年。
・クレシ・サラ好美「「ムスリムであること」とどう向き合うか：第二世代の語りから」長沢栄治監修、嶺崎寛子編『日本に暮らすムスリム』明石書店、2024年。
・小島祥美編『Q＆Aでわかる外国につながる子どもの就学支援』明石書店、2021年。
・澁谷智子編『コーダ　私たちの多様な語り――聞こえない親と聞こえる子どもとまわりの人々』生活書院、2024年。
・スー、ウィン・デラルド『日常生活に埋め込まれたマイクロアグレッション』明石書店、2020年。
・田中宝紀『海外ルーツのこども支援』青弓社、2021年。
・文部科学省「外国人の子どもの就学状況等調査結果について」（https://www.mext.go.jp/a_menu/shotou/clarinet/genjyou/1295897.htm）。
・文部科学省総合教育政策局国際教育課「かすたねっと」（https://casta-net.mext.go.jp/）。
・文化庁『在留支援のためのやさしい日本語ガイドライン』（https://www.moj.go.jp/isa/support/portal/plainjapanese_guideline.html）2020年。
・細谷幸子「保健医療分野におけるムスリム対応とモスクによる取り組み」長沢栄治監修、嶺崎寛子編『日本に暮らすムスリム』明石書店、2024年。

コ ラ ム 6

社会的養護下の養育

瀬地山　葉矢

日本では、児童福祉法に基づき、諸事情で家族と離れて過ごす子どもを公的責任で養育・保護し、養育に困難を抱える家庭への支援も行う「社会的養護」という仕組みがある。現在、この社会的養護下にいる子どもは、児童養護施設や乳児院などの施設養護、もしくは里親やファミリーホームなど家庭養護の下で暮らしている。

里親を対象に行った調査（NHK、2018年）では、「子どもと接していくと可愛くて仕方なくなり、親子は血のつながりだけではないことを身をもって感じた」などの声が寄せられる一方、里親の８割が養育上の困難を経験したと答えている。社会的養護を必要とする子どもは、対人関係、情緒、行動面の課題を抱えていることも少なくない。里親や施設職員のなかで「この子を引き受ける」という構えが育つにはさまざまな支えが要る（内海、2012年）。そもそも血のつながりだけで「親」になれるわけではなく、親を孤立させないための周囲の関わりや支援が必要である。先のNHKによる調査の次の意見にも目が留まる。「里親制度をよく知らない人が多く、里子を養育していることを隠す里親が多い。堂々と言える社会になればいいなと思う」。里親や施設職員、子どもにとっても、社会の理解や支援が欠かせない。

私たちは、子ども、養育者、家族を前にした時、親族関係にあることを前提とした話ばかりしていないだろうか。家族が多様化する今、さまざまなつながりの下に暮らす子ども・家族にも関心を寄せていきたい。

［参考］
・NHK全国里親アンケート（https://www.nhk.or.jp/d-navi/link/kodomo/qa.html/）、2018年。
・内海新祐「児童養護施設における生活臨床と心理職の役割」『社会的養護における生活臨床と心理臨床』福村出版、2012年。

第9章

子ども・家族支援とジェンダー

高橋　靖子

9章では、心理支援等で必要とされる現代の子どものメンタルヘルスや家族の課題を理解し、相談者とカウンセラー、被支援者と支援者間において生じやすいジェンダーバイアスの問題について取り上げます。また、いくつかの架空事例を元に、保護者、教員やカウンセラーなどの支援者、そしてそれらを取り巻く地域社会が暗黙裡に共有する価値観を見直し、「学び続ける」ことの必要性について考えます。

1 子どもと親の世代間ギャップ

「とんでもない父親だと腹が立ちました」。これは、ジェンダーの授業の話題として取り上げたドラマを観ていた学生のコメントです。主人公である父親は、「お前、もしかして『おかま』なのか?」、「女性がお茶を入れたほうがおいしい」などと周囲に発言（放言）する人物です。そのため、彼は家庭でも会社でも関わりを避けられがちです。しかし、子どもやその友人との交流を通じて徐々に「アプデ」（Update）する姿が描かれていました。大人からみると、毎回父親が窮地に陥って奮闘する姿、そして「後方支援」する妻の姿が「頑張っている」と好ましく感じられます。ところが前述のように、若者の一部はジェンダーバイアスの克服に奮闘する大人にも厳しい目を向けます。

「ジェンダーに関する意識調査」（電通総研、２０２３年）によると、「ジェンダー平等に向けて性別に関係なく協力できている」に肯定的に回答した人（「そう思う」「ややそう思う」の計）は全体で47・8％であり、その内訳は男性49・4％、女性46・2％と意識上はほとんど性差がありません。むしろ年代による差異が顕著であり、18歳から30代では過半数が肯定的に回答し、40代では肯定と否定がほぼ半数、50代から70代では過半数が否定的に回答する傾向がみられました。このデータからも、大人世代が笑い話にできるようなことが、若者には切実な問題であると察せられます。若者世代の親（大人）世代に対する「わかってもらえなさ」や意識のズレは想像以上に大きいのではないでしょうか。ジェンダーバイアスだけでなく、それらの理解に向けて若者と大人の世代間にもジェネレーション・ギャップが横たわっていることを念頭に置く方がよいようです。

2　「母性・父性」への問い

近年は子育てについて、母親だけでなく父親も積極的に関わろうとする姿が多くみられるようになっています。これには、子育て支援策の拡充が後押ししているといえます。最近では、父親が子育てを「手伝う」「イクメン・イクジイ」という表現も、違和感を持たれるほどです。

それとあわせて、「母親（父親）役割」「母性」「父性」について、当然視することへの疑問が出されています。30年前に出版された『母性という神話』（E・バダンテール、1998年）で

の母親に自然に備わっているとされた「母性愛」への懐疑が呈され、日本社会にも衝撃を与えました。近年出版された『母親になって後悔してる』（O・ドーナト、2022年）では、「子どもは愛している」けれども、「過去に戻れるとしたら母親にはならない」とするイスラエル人女性23人への調査をまとめています。本書は日本でも話題となった一方で、「母親としての自覚」を問う異議も出されました。

ここ最近、「母性」「父性」という用語で親としての特性を区別することに懐疑的な論説が多くみられます（例えば、大日向、2016年）。代わりの概念として、「親性」「養育性」「養護性」「親（性）準備性」、そして「次世代育成力」といった言葉が文脈に応じて生み出されました（高野・浅野、2009年）。これらの用語は、子育てに関わり、性を問わない親としての役割意識や子どもへの感情などの特性を意味する点が共通しています。

『母ではなくて、親になる』（山崎、2020年）では、小説家の著者が妊活、健診、保育園の落選など、作者自身と乳児の驚きの毎日を振り返り、「母親になる」ことの重圧を乗り越え、自分なりに納得して「親になる」過程がエッセーに綴られています。このように「母親」を降りて、「親」として過ごすことで初めて子育てをしやすくなる人もいます。

日本社会では、女性のライフサイクルにおいて結婚・出産が自明のこととされてきました。しかし、今日なぜ未婚化・少子化が急激に進んでいるのでしょうか。それを考える上で、日本で「子育てをする女性の方がしない女性より生活満足度が下がる」という調査結果（佐藤、2023年）

は興味を引きます。本調査を行った経済学者の佐藤一磨さんによれば、「子どもの存在は、親の幸福度を高める」と考えられる一方で、子どもを持つことによって夫婦関係、お金、働き方、時間の使い方等が変化し、それによって発生する負担の方が大きいことから、幸福度の低下につながると考察されています。一般に、子どもの誕生により男性の幸福度は上がるのに対して、女性はワークライフバランスに悩む姿があります。これまで当たり前とされた「子育てすることが幸せ」という価値観が揺らいでいるといえます。

3 子どものメンタルヘルス

子どもや家族への心理支援を考えるにあたって、日本の子どものメンタルヘルスはどのような状況にあるのでしょうか。深刻な話ですが、２０２３年「子どもの自死」は10代の死亡理由の１位であり、Ｇ7各国と比較しても著しく高い順位となっています（朝日新聞、２０２４年8月13日）。成人の自死者数は２０００年代から２０１０年代の3万人超から2万人台前半まで低下する中、子ども・若者や女性の自死はコロナ禍を経て増加しています。

また、非行が減少する一方で、コロナ禍後に急増した不登校、家庭内暴力、薬物濫用や自殺企図など、10代のメンタルヘルスの問題は裾野が広がり深刻さを増しています。それにも関わらず、若者は他の年代に比べると、医療機関の受診を回避する傾向があります。子ども・若者自身が問題を適切に理解できず、周囲にも気付かれにくい、精神科医療や心理的支援への偏見やスティグマ、近くに適切な医療機関がないという問題が考えられます。

これらの問題意識により、２０２４年度から高校の保健体育では「精神疾患」の授業が始まっています。また、新しい「生徒指導提要」（文科省、２０２２年）においては、発達障害や性的マイノリティ、外国にルーツのある子どもといった、多様な背景を持つ児童生徒に対する指導指針が盛り込まれ、プロアクティブ（常態的、先行的）な予防教育が大きな課題となっています。

4 子どもの幸福度と社会資源

次に、日本の子どもの幸福度は国際的にみてどのような状況にあるのでしょうか。ユニセフが「子どもたちに影響する世界：先進国の子どもの幸福度を形作るものは何か」という調査報告書（２０２０年）を出しました。子ども（5歳～19歳）の身体・心理・社会的別健康状況の国際比較（ＯＥＣＤ加盟38カ国の順位）において、日本の総合順位は38カ国中20位と中位にあります。具体的には、身体的健康（子の死亡率の低さ、過体重・肥満の子の少なさ）は1位、読解力・数学分野の学力は5位と上位です。それに対して、精神的幸福度（生活満足度が高い子どもの割合、自殺率）が37位、社会的スキル（「すぐに友達ができる」）が37位と低く、結果として大きく総合順位を引き下げています。

さらに、子どもの幸福感をアウトカムとして、アウトカムを同心円状に取り巻く地域・社会の課題と具体的なチェック項目を示しています（図）。支援者は、様々な家族と出会うときに、子どもへの親の態度の偏りや養育スキルの乏しさの背景には多様な事情が介在していることを意識したいものです。目の前の来談者に対して、「いま、ここで」支援者や来談機関という外部の資源につながっていることの大切さを根気強く伝えることが求められます。

この図から得られる支援の指針として、子どものソーシャルキャピタル（社会資源、地域力）を豊かにすることが挙げられます。ソーシャルキャピタルとは、市民や地域のつながりです。対人関係における協調行動が活発化することにより、社会の効率性を高めることができます。

重要な教育資源である学校も、不登校の急増

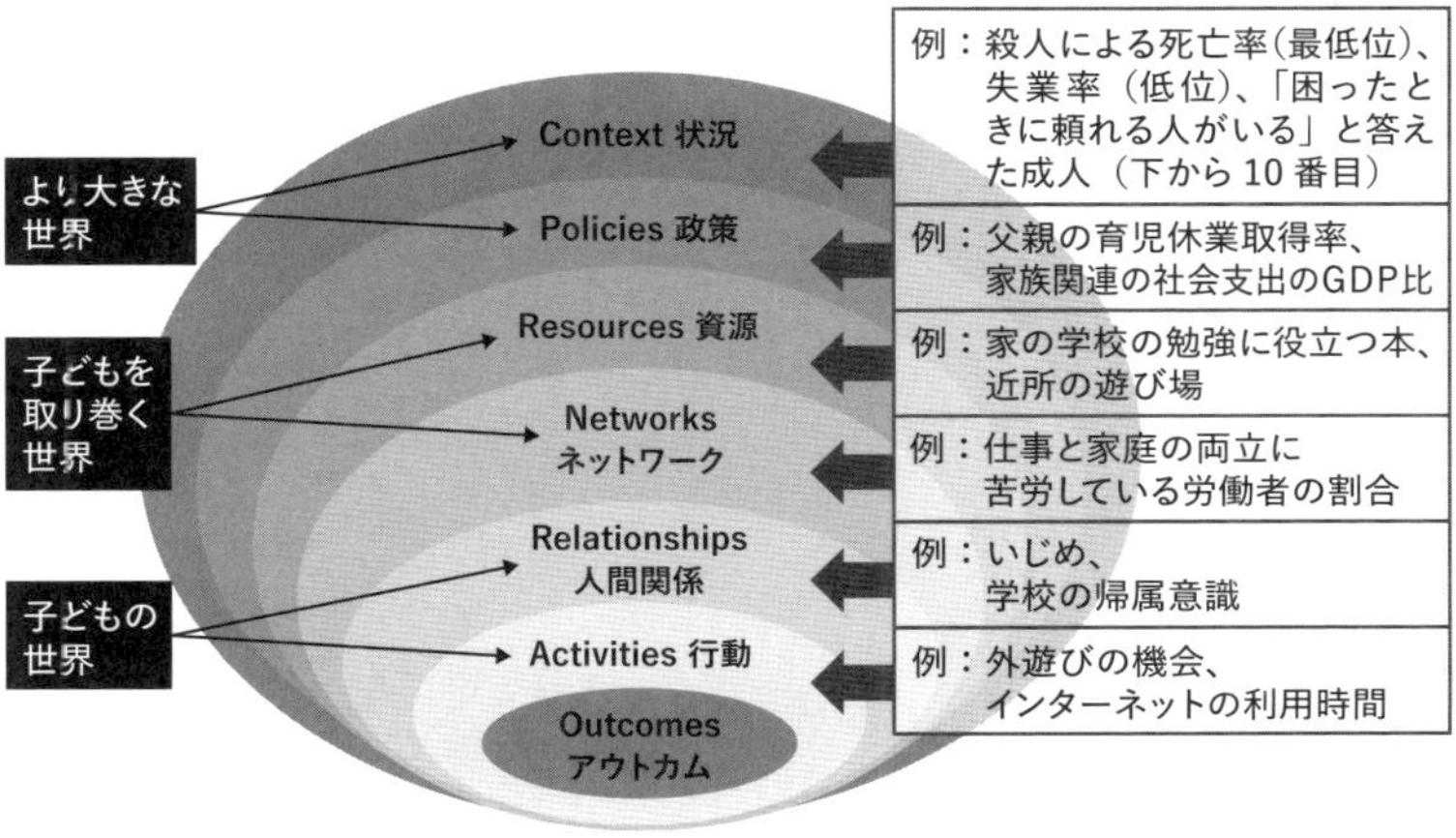

図　子どもの幸福度の多層的な分析枠組み（ユニセフレポートカード16より）

に伴い「学びの多様化学校」が新設されるなど学校制度は変化しつつあります。明治以降の単線型の制度に対する価値観の揺らぎとも受け取れ、教員からは不安の声が強いようです。一方で、制度の見直しによって、子どもたちの教育課程については選択肢が広がっていくことでしょう。

5 心理相談における性差とジェンダーバイアス

後半では心理的支援においてみられる性差や、生じやすいジェンダーバイアスの課題について考えます。

子どもの発症率や相談内容における性差

臨床的問題や精神疾患については、様々な性差が指摘されています。不登校や引きこもりは女性より男性に多い一方で、女性では自傷行為や摂食障害などが多いとされてきました。これらの性差が何に起因するのかについては、医学的あるいは社会・文化的な要因が複合すると考えられます。そして、これまでの男性視点優位の医療制度や研究成果の見直しにより、その都度修正されている最中であるといえます。例えば、発達障害の性差について、従来は概ね4：1で男性の出現割合が高いとされていました。しかし近年、大規模な疫学調査が実施され、3：1や2：1となり性差が縮小しています。もともと医師や研究者には男性が多く、発達障害の症状や治療についても男性の視点より知見が積み重ねられてきたという反省があります。加えて、女性の発達障害は、周囲に過剰適応する「カモフラージュ」により、困難がみいだされにくかったとの学説もあります（上林、2023年）。

次に、セラピー（心理療法）でテーマとなる内容についても、臨床心理学者の無藤清子さんは、女性に向けられた社会文化的な期待（他者に対する配慮や、美しさ・かわいらしさの重視）と自分自身の不適合をめぐる葛藤が語られることが多いと述べています（無藤、2005年）。具体的には、職業選択（育児と仕事の優先性など）、家族との日常生活の組み立て（家事・育児・自分のための時間や活動）、家族介護の決断や維持にまつわる様々なトピック（「ケア」と、自分のライフサイクルや自己実現）、一人暮らしやシングルマザーの困難といった、数多くのテーマがあります。

他にもジェンダーに近接する問題として、DVや性暴力被害によるPTSDが注目されます。これらの支援において、無藤さんは「個人・家族の関係性からのみとらえることは危険であり、ジェンダーに関わる権力関係の理解や権利の認識としてとらえる視点が不可欠」と警鐘を鳴らしています（無藤、2005年）。2023年発足のこども家庭庁では、厚生労働省と文部科学省、内閣府の橋渡しを図る機能が期待されています。例えばDVなどの家族の問題については内閣府の管轄、そして虐待などの子どもの問題については厚労省といった、従来の縦割り行政によって区別されてきた家庭内の問題を統括して、積極的な対策を講じる働きが期待されます。

来談者およびカウンセラーの性比

相談機関の来談者において、女性が多い傾向にありましたが、近年は男性の来談者の割合が徐々に増えています。子どもの相談に関しても、最近では父親あるいは夫婦での来談が珍しくありません。かつて男性にとって「相談する」という行為は、「弱い」「無能」という評価につながり、社会的地位を危うくする不安や恐れを伴いがちでしたが、最近そのようなステレオタイプは薄れつつあるようです。

一方で、カウンセラーやソーシャル・ワーカーなど支援職において、男性より女性が多い傾向は一貫しています。その理由としては、「ケア労働」や「感情労働」が女性にとって得意で望ましい役割とするジェンダー規範の存在が考えられます。別の理由として、援助職の雇用形態は正規職員よりも非常勤やパートが多く、男性には進路選択がされにくいと考えられます。

カウンセラー養成課程におけるバイアス

カウンセラーなどの支援職は、その養成過程においてスーパービジョン（指導）を受け、自身の認知や感情、来談者との関わりのパターンを振り返るスキルを身に付ける必要があります。「効果的なカウンセラーの特徴」（Warmpold, B. E.）のうち1項目では「クライエント（来談者）の特徴と治療関係の文脈に敏感である。クライエントの特徴とは、文化、民俗、スピリチュアリティ、ジェンダー、年齢、身体的障害や健康の問題、変容への動機づけなどを含む」とあります（岩壁、２０１５年）。治療関係の文脈とは、「社会経済指標、家族や周囲の人たちのサポート、雇用状況、社会文化的状況、他の支援（精神科、福祉、教育など）」を指し、「カウンセラー自身の特徴と背景要因がクライエントのそれらとどのような相互作用を起こしうるのかということにも注目する」ことです。

しかし、日本の養成課程において、このような多文化の視点を持つ学習はほとんど体系化されていません。大学のシラバスや関連分野の書籍の内容分析からは、個人・生物学的側面が相対的に重視され、社会・文化的側面に関する講義が乏しいようです。そのため、自身のジェンダーに関する価値観について、何らかのきっかけや振り返りがなければ意識されないおそれがあるのです。

来談者に向けられるジェンダーバイアス

しかしながら、支援者自身も育った家庭・社会や文化によるバイアスを受けており、そこから逃れるのはたやすくありません。「クリニカルバイアス（clinical bias）」とは、「ある特定の集団に対して、カウンセラーが抱くステレオタイプ的な見方が影響することによって生じる臨床的判断や態度の歪み」（品川・児玉、2005年、43ページ）のことです。臨床心理学者の品川由佳さんたちは、来談者の性的指向についてカウンセラーが抱きやすいクリニカルバイアスに関する研究を行っています。

他にも来談者やその家族に抱きやすいジェンダーバイアスの例として、女性の来談者の描写において、化粧や服装などの変化に関する記述が多くなりやすいこと、「女らしさ」「男らしさ」の獲得を発達課題としやすいこと、そして異性愛や結婚・出産を個人の成長ととらえやすいことがあります。

次に、事例検討で課題となった、来談者の父親とカウンセラーのやりとりを取り上げます。

事例検討の現場より❶

「車の運転席から降りてこない父親に、ドアをノックして『こんにちは！』と声をかけたんです！」と、若いカウンセラーが訴えました。子どもの相談にあまり関与しない父親に、カウンセラーが少々強引に挨拶をした場面でした。「どうしてあのお父さんは娘の課題に関与しようとしないのでしょうか」とカウンセラーは憤り、指導者と話し合いを行いました。父親は時間的ゆとりができてからは、相談室への車の送迎などを行う協力的な面も出てきました。しかし、子どもとの情緒的な交流は得意ではなく、子の問題は母親に任せて深く関わろうとしませんでした。

相談現場では、カウンセラー（多くは女性）が、子どもの問題に対応する来談者（多くは母親）に感情移入しやすいことが指摘されます。多くの母親は家庭内の業務を一手に担っており、当の子どもだけでなく、きょうだいの世話、家事、学校の活動、実家の問題と他者のケアで手一杯で、自身の心身については置き去りの状況が多くあります。

その状況から、母子の関わりがいっそう密接になり、関わり方の偏りから子どもの問題が生じていると見なされやすくなります。そのようなとき、支援者はどのような背景要因が影響を及ぼしているのか、なぜ母親が子どもに対して遊びや余裕のない関わりとなっているのか、父親や社会資源の存在について客観的な評価が求められます。子どもの問題行動の生起のメカニズムを知る上で、家族や社会資源といった背景要因を含めた「見立て」が必要とされます。その上で、夫婦面談あるいは家族合同による話し合いを行い、カウンセリングの目標、家庭内の役割やルールを確認することもあります。カウンセラーは対人関係の調整を行い、ときには来談者のアドボカシー（代弁）を行います。

カウンセラーの「共感的態度」は、「あたかも自分自身のことであるかのよう」に話を聴く態度であり、クライエント中心療法で有名なロジャーズが、カウンセラーの必要十分条件として挙げています。しかし、ときにカウンセラー自身が共感というよりも過剰に感情移入する場合があります。事例①ではカウンセラー自身の父親へのこだわりについて、「逆転移」（自身の過去の体験を相手に投影すること）となって支援に支障を来たしていないか、振り返ることも考えられるでしょう。

クリニックへの来談や自助グループの集まりでは、年老いた母親が既に中年の我が子の問題で長年通う姿もみられ、いつまで親役割を担うのかについては悩ましい問題です。子育てや家族の病気や介護といったケアの役割分業について家庭内だけで行うには、少子高齢化社会では限界があり、社会資源の拡充による負担軽減が求められます。

被支援者――支援者間の関係性

近年、来談者とカウンセラーの関係について、全くの対等ではなく専門家としてのカウンセラーが上位となりやすい構造であることが意識されています。来談者は「被支援者」の立場であり、「支援者」であるカウンセラーとの間には「権力勾配」が生じやすいのです。例えば、当事者研究で有名な熊谷晋一郎さんは、対人支援の場において、支援者側は専門知が蓄積される職能集団であること、独自の文化や制度を持つことから、多数派として少数派である被支援者よりも上位に立ちやすいことを指摘しています（熊谷、２０２４年）。

さらに、障害のある人の支援において、「社会モデル」の概念が使用されるようになっています。このモデルは「障害のある人の不利益は社会に起因する」という考え方であり、障害者支援法における「合理的配慮」に代表されます。個人治療で治すべきとする医学モデル（個人モデル）に代わって、今後は社会モデルが広まることが予想されます。

そして、「支援者-被支援者」間の上下構造を意図的に崩すために、カウンセラーや支援者は「ワンダウンポジション」の姿勢を心がけ、一歩下がって丁寧に対応することが求められます。

その一方で、クライエントへの対応に関するジェンダーバイアスとして、例えば男性の来談者に女性より丁寧に対応したほうがよいとする慣習があります。家族面談において、来談した父親に対して「お忙しい立場なのに、いらしていただきありがとうございます」と謝意を強調する例について自戒を込めて考察されています（北島、２０２１年）。父親は仕事などを調整して来談することも多く、そのような対応が望ましいとされてきた経緯があるのでしょう。男性はカウンセリングを社会的場面とみなしやすく、相談で話すことの意味や男親の来談理由、費用対効果について説明責任を求める傾向があり、いっそう対応に注意深くなると考えられます。

この点は、支援の現場だけでなく、教育・医療、企業活動全般においても同様のバイアスがあるのではないでしょうか。来談者と良好な関係を作るため、カウンセラーが社会的慣習を踏まえる必要があるという現実に、筆者も支援者としてジレンマを感じます。支援者自身も、社会活動の中で子どもの母親や父親への接し方に差違が生じる際には、ジェンダーバイアスを再生産していることに注意する必要があります。自身の対応がジェンダー規範に埋め込まれていないか、なぜそのようになるのか、別の対応が取れないのかについて意識することが求められるでしょう。

事例検討の現場より❷

多職種参加の事例検討会に出席すると、教員や行政職などの男性が多く、心理職の事例検討とはまた異なった雰囲気となります。通常、事例検討会では来談する保護者の言動によって、子どもにどのような影響が及んでいるかといったミクロな視点が中心となるため、自然と「母親」の言動が検討課題となることが少なくありません。出席者も保護者の責任のみを追及している訳ではないのですが、成人（多くは男性）が口々に「母親が」と意見するため、ときに母親への責任追及の雰囲気すら感じることとあります。

「母親」という表現を「お母さん」あるいは「Aさん」などの敬称にすれば印象が和らぐかもしれません。しかし、単なる言語の言い換えの問題というよりも、暗黙裡に母親非難の雰囲気が「間主観性（複数の主観の共同性）」をもって共有されているように思います。

また、親から子どもへの「愛情不足」や「関わり不足」「愛着障害」が問題となることも頻繁です。このような表現は「親の関わりに問題がある」と一括りにまとめているだけで、どこに介入すればよいのか不明です。事例検討では親子の関わりを中心に考えることが多いのですが、先述のユニセフレポートの図のように様々な背景要因を考慮しながら、保護者の子育てを一方的な原因とする因果論に陥らないような協働が大切といえます。

支援者自身の価値観を見直す3ステップ

前述したように、支援者自身の価値観が社会規範に深く影響され、いつの間にか眼鏡のレンズが曇っていることがあります。そのことに気づくために、以下の3つのステップがあります。

第一に「知る（know）」ことがあります。ネットニュースは自身の嗜好でカスタマイズされていきますが、新聞やテレビニュースなどのメディアでは、毎日ジェンダーやセクシュアリティ、多領域の課題が取り上げられています。第二に、自身がどのような価値観を持っているのか、「自覚する（aware）」ことです。日常的に年齢や性別、出身地など、多様な人と話してみることが有効です。「多様性」に関する持論として、あるタレントが以下のようにX（旧twitter）に投稿しました。「50歳以降で多様性理解のために一番おすすめなのは『20歳以上（年）下の異性の友達を作る』だと思っています」。この指摘は妥当に思われますが、単純に中年男性が年下の彼女を欲しがっていると受け止められました。批判の中には、年長者として年少者との「権力勾配」に無頓着すぎるという意見もありました。事例が示すように、現代社会ではコミュニケーション手段の多様化・複雑化により、高次の文脈の読み取りが求められる難しさがあります。

第三には、価値観について「コントロールする（control）」ことです。心理学実験の一つに、無意識の価値観についての反応傾向を測定する潜在連合テスト（ＩＡＴ）があります。一般の人対象であっても「セクシャルマイノリティや障害のある人、黒人より白人、太っている人への偏見」が示される傾向にありました。長年の経験から培われたアンコンシャス・バイアスはなかなか変えられませんが、自覚して制御することが求められます。

6 これからの家族への支援

本章では、支援の現場を簡単な事例で振り返り、幾分ステレオタイプともいえる「母親」「父親」像を描写してきました。

２０２４年のＮＨＫ朝ドラマ「虎に翼」では、戦前から戦後にかけての日本の司法制度を土台として、ジェンダーやセクシュアリティに関する様々な課題が盛り込まれていました。ある場面で、主人公のシングルマザーが一家の主として忙しく働くうちに、他の家族に家父長的に振る舞い、子どもや周囲が過剰適応する事態になりました。子どもに不適応行動が現れたことで、主人公自身が抑圧的な態度に気づき反省する展開となりました。ワークライフバランスが崩れて心のゆとりを失うとき、性別に関わらず家庭内において「権威主義」的役割を取りやすく、自分や家族の成長やメンタルヘルスを脅かすおそれがあるといえます。

これまでの家族ドラマは、様々なトラブルがありながらも、家族同士や「ご近所さん」の力を借りながら最後は大団円となる結末が典型的でした。しかし、現実にはドラマのようにはいかず、DVや虐待、ハラスメントなどの現象が顕在化し、家族の血縁や戸籍上の関係者の自助努力だけでは傷つきが深まるという関係性が明らかになってきています。離婚・再婚家族、養子縁組などにより家族形態も多様化し、選択的夫婦別姓や同性婚の議論も盛んです。今後、家族の多様化や社会状況の変化から生み出される摩擦や悩みは増加し、心理相談のニーズは益々増えることが予想されます。そのような状況にも関わらず、支援制度において依然として血縁関係を中心とする「家族」機能に依存して成り立っています。

子どもの心理的安全性が脅かされる場合、支援者もまた二次受傷のおそれがあり、セルフケアやラインケアが必要です。支援がよりよく機能するために、ジェンダーバイアスや世代間ギャップの視点からも自身の価値観を振り返り「学び続ける」ことが必要とされます。

【参考文献・資料】
・E・バタンテール著、鈴木晶訳『母性という神話』筑摩書房、1998年。
・北島歩美「臨床場面における男性（夫・父親）」数井みゆき編著『養育者としての男性』ミネルヴァ書房、2021年。
・熊谷晋一郎「障害の社会モデルと人権モデルの相補性」東京大学「職域・地域架橋型――価値に基づく支援者育成（TICPOC）」第7回公開シンポジウム資料、2024年。
・岩壁茂「カウンセリングテクニックの『前提』」「臨床心理学増刊7」金剛出版、2015年、20～27ページ。
・無藤清子「女性からみたジェンダー・センシティブ・サイコセラピー」「精神療法31(2)」金剛出版、2005年、142～150ページ。
・大日向雅美『新装版　母性の研究 その形成と変容の過程：伝統的母性観への反証』日本評論社、2016年。
・O・ドーナト著、鹿田昌美訳『母親になって後悔してる』新潮社、2022年。
・大橋幸美・浅野みどり「親性とそれに類似した用語に関する国内文献の検討」「家族看護学研究14(3)」2009年、57～65ページ。
・佐藤一磨『残酷すぎる幸せとお金の経済学』プレジデント社、2023年。
・品川由佳・兒玉憲一「男性同性愛者に対する男性臨床心理士のクリニカル・バイアスの予備的研究」「日本エイズ学会誌7」、2005年、43～48ページ。
・山崎ナオコーラ『母ではなくて、親になる』河出書房新社、2020年。

第10章

教員の二つのワークとジェンダー

——学校の働き方改革を見る「もう一つの目」

山根 真理

10章では教員の生活と仕事について、ジェンダーの視点から考えます。近年、教員の仕事を「労働」として実態把握し、そこに見られる問題点から、学校における「働き方改革」の必要性が指摘されています。やりがいを感じつつも長時間労働で、多忙が日常である教員の労働実態が把握され、部活動時間の抑制や外部化、学校閉庁日の設定、行事の縮小などの「働き方改革」を進める動きがあります。一方、「仕事と生活」のあり方を改革する動きが、今世紀に入る頃から政策に導入されてきました。ワーク・ライフ・バランス（以下ＷＬＢ）は、２００７年の「仕事と生活の調和（ＷＬＢ）憲章」策定以来、政策用語として定着し、なじみのある言葉になりました。導入当初は女性の仕事と家庭生活の両立の論点が前面に出されていましたが、今日では男性のＷＬＢは女性のキャリア継続を可能にする鍵と捉えられ、また、男性自身の生き方の可能性を広げる意味でも、ＷＬＢは性別を問わず、個人の人生と社会のあり方の両面で重要な課題です。

本章ではジェンダーの視点から、ライフのなかの二つのワーク―ペイド・ワーク（paid work）とアンペイド・ワーク（unpaid work）―の捉え方を示し、教員の二つのワークにおける課題と未来への選択肢を考えます。

1　ライフとワークの関係をどう理解するか

ライフとワークの関係を描く

大学のジェンダーに関する授業で「あなたにとってのライフとワークの関係を図にしてみよう」という活動を取り入れたことがあります。2010代後半～20年代初頭に学生が書いた図は、ライフのなかにワークがあるとするタイプや、ワークとライフは別々でその間で天秤のようにバランスをとる、あるいは両者は別々だが重なるところがあるとするWLBタイプが目だち、ワークのなかにライフがあるタイプは少数派でした。このような学生たちのライフ・ワーク観をみて、「人生百年時代」と言われる現代にあって、収入を得る「仕事」をする期間は人生の一時期にすぎない、という時代的感覚が若い人たちの中にもあるのだろうか、と考えさせられました。

本章におけるライフとワークの関係の捉え方は、今日の若い人たちの捉え方とも似ており、「ライフ」を人生全体として大きく捉え、その中に「ワーク」を位置づけて考えていきます。

ペイド・ワーク／アンペイド・ワーク

ジェンダーの視点に立った「ワーク」の捉え方として、ペイド・ワークとアンペイド・ワークという捉え方があります。この捉え方は、フェミニズム（女性解放運動・思想）のなかで生み出されました。家事・育児など、近代化のなかで家庭のなかの女性＝主婦に配分されてきた「仕事」

である家事労働のテーマは、フェミニズムの重要課題の一つでした。マルクス主義フェミニズムは、再生産領域（人間の生産）において女性が無償で行う家事労働を搾取することで資本制は成りたち、利益を得ていると指摘しました。

アンペイド・ワークは無償労働のことです。賃金労働に代表される、労働に対して対価を得るペイド・ワーク（有償労働）と対置して理解されます。家事、育児や介護などのケアは、近代以降の社会のなかで無償労働に位置づけられましたが、社会を成りたたせるために重要な役割を果たしており、社会的に評価されるという考え方は、今日では国際的に定着しています。ＯＥＣＤの報告書によるとアンペイド・ワークは「市場で売られない、世帯メンバーによる財とサービスの生産」と定義されます（Miranda、２０１１年）。ＯＥＣＤなどの国際機関によって、世界諸地域の人々の生活をペイド・ワークとアンペイド・ワークの枠組みで測定し、ジェンダー平等やウェルビーイング（well-being＝良い状態、生活の質や幸福）の達成に向けた議論が行われています。

本章では、ライフを全体としての生活・人生と捉え、ライフのなかにペイド・ワークとアンペイド・ワーク、「ワーク」以外の活動が含まれると捉えます。

2　教員の二つのワークをジェンダーで捉える

教員のジェンダー配置

2では、学校教員の二つのワークの特徴と課題について、ペイド・ワークとアンペイド・ワークの関係を意識しながら、検討します。まず、教員の性別構成を見ます。次ページの表は、2023年度「学校基本調査」から、各学校（園）段階における教員および管理職の性別割合を示したものです。この表から第一に、学校（園）に通う子どもの年齢段階が上がるにつれて、女性教員割合が少なくなっていることがわかります。幼稚園の女性教員は9割以上、小学校は6割台、中学校4割台、高校は3割台です。特別支援学校の女性教員割合は6割台で、小学校教員の女性割合とほぼ同じです。教科という「専門」が明確な中学、高校よりも、子どもの生活全体にわたって教育活動を行い、ケア（世話）をする程度が高い学校種に「女の先生」が多くいるのです。第二に管理職（校園長、副校園長、教頭）に占める女性割合は、教員全体のなかの女性割合よりも、いずれの学校種でも低く、学校経営に関する最終的な意思決定の責任をもつ校園長の女性割合は特に低いことがわかります。1985年の時点では幼稚園以外のいずれの学校種でも女性管理職あわせた割合に1割未満でしたので、長期的に見ると女性管理職割合は増えていますが、相対的に低い値に留まっています。学校種のなかでは中学、高校の女性管理職割合は低く、女性校長の割合はいずれも1割程度です。初等学校段階までは女性教員、中等教育段階では男性教員が多く、学校運営の意思決定部門にかかわる管理職、特に校長は男性という明瞭なジェンダー配置をみてとることができます。

このような教員のジェンダー配置は、子どもから見れば、小学校までは女の先生、中学校からは男の先生が多くなり、学校での「偉い」先生、特に校長先生は男、という世界であり、教員のジェンダー配置が現在もなお「かくれたカリキュラム」として機能していると考えられます。

２０１９年に文部科学省で行われた「こども霞が関見学デー」で国立女性教育会館が、来場した子どもたちに資料を示して「女性の校長先生が少ないのはなぜだと思うか」と問いかけ、思いついたことを書いてもらうブース企画を行いました。この企画調査のまとめを行った飯島絵理さんは子どもの回答を、①固定的な性別のイメージ・固定観念にかかわること（「男の人のほうが強そう」など）、②背景にある社会的な格差や役割分担意識についての認識（「伝統

表　各学校段階における教員、管理職の性別割合（2023年度）

	教員全体			教頭			副校（園）長			校（園）長			女性管理職割合
	人数	女性(%)	男性(%)	人数	女性(%)	男性(%)	人数	女性(%)	男性(%)	人数	女性(%)	男性(%)	
幼稚園	85,432	93.4	6.6	1,236	92.8	7.2	3,134	79.1	20.9	7,219	59.2	40.8	68.2
小学校	424,297	62.6	37.4	17,444	31.9	68.1	1,902	33.3	66.7	18,390	26.7	73.3	29.4
中学校	247,485	44.6	55.4	9,212	19.2	80.8	1,108	18.4	81.6	8,851	11.1	88.9	15.4
高等学校	223,246	33.4	66.6	6,172	14.1	85.9	1,332	11.9	88.1	4,624	10.3	89.7	12.4
特別支援学校	87,869	62.8	37.2	1,549	36.0	64.0	314	37.3	62.7	1,030	31.4	68.6	34.5

注）いずれも本務者についての数値。「管理職割合」は教頭、副校（園）長、校（園）長をあわせた値である。
資料：学校基本調査

がある」「男性社会だから」など）、③結婚・出産・育児による女性の退職・休職・両立困難（「女の人は結婚や出産を機に退職するから」など）、④校長を志向しているかどうか（「女の人はやりたい人が少ない」など）、⑤労働者数・職位別教員数等の性別比にかかわること（「男のほうが働く人が多いから」など）、⑥性別による姿勢・態度等の違い（にかかわるイメージ）（「女の人は責任を負うのがいやだから」など）、⑦その他、の七つに整理しています。この結果から、多くの子どもたちが固定的な性別イメージにとらわれており、子どもたちにとって身近な教員の現状はそれらのイメージの再生産あるいは助長に大きく加担している可能性があることが指摘されています（飯島、2020年）。

教員のキャリアとアンペイド・ワーク

教員の職業キャリアは、アンペイド・ワークと密接に結びついています。榊原禎宏さんたちは教育経営学の立場から、1976年に京都市に新規採用された小学校教員260人を対象に教職キャリアの分析を行いました。この研究は、教員の職業キャリアを考えるうえで、ジェンダー視点が不可欠だということを示しています。10年以内の離職は男性1・5％に対して女性は30・7％と、女性は男性と比べて初任期に離職する傾向が明らかです。女性は、その後の離職も断続的にみられます。定年まで勤務を続けた男性は採用者数の70・4％に達しますが、女性は23・3％です。校長職に就いた人は男性教員の33・8％であるのに対して、女性教員ではわずか3・2％でした（榊原・孫、2022年）。

２０２２年に全国の小・中・高等学校・特別支援学校の教員を対象に行われた「全国教員調査」の分析結果は、教員の職業キャリアが家庭生活と不可分の関係にあることを示しています。本調査を用いた木村育恵さんたちの分析によれば、平均的な１日の在職時間は、全体で「10時間以上」が女性36・８％、男性40・５％、「８時間以上10時間未満」が女性38・０％、男性42・６％、「８時間未満」が女性25・２％、男性16・９％です。女性教員の在職時間のほうが短い傾向にありますが、その一方で男女ともに４割程度の人が10時間以上在職しています。「過去において教師を辞めたいと思ったこと」が「ある」人は女性68・７％、男性60・１％と、女性の方が多い傾向にあります。**図１**は「辞めたいと思ったことがある」と回答した人について、その理由を男女別に示したものです。「職務上の理由」が男女ともに１位で、男性が69・１％、女性が50・４％と男性のほうが多

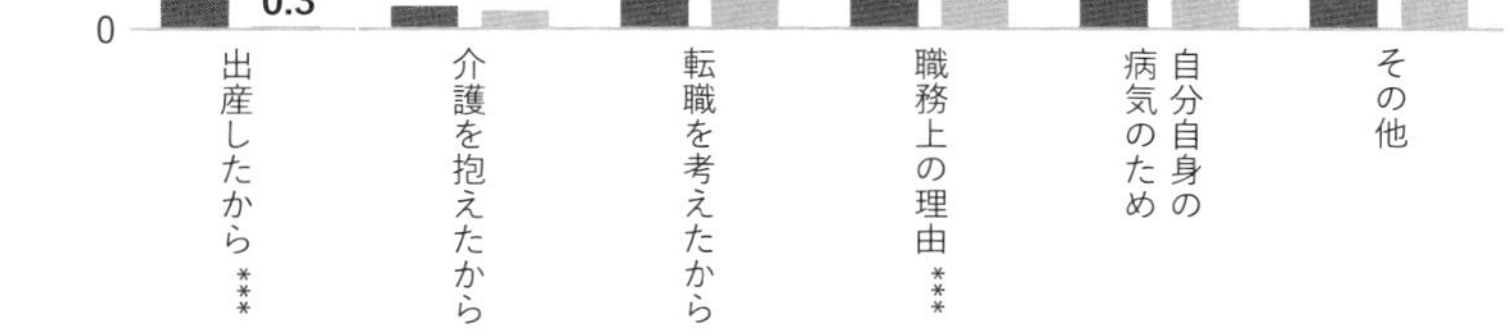

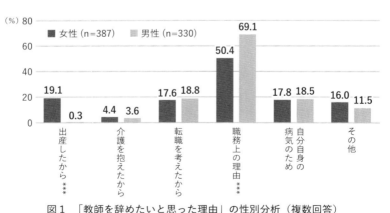

図１　「教師を辞めたいと思った理由」の性別分析（複数回答）

注）*** p<.001、木村他（2023年）をもとに筆者作成。

いです。女性は「出産したから」が2位で19・1％の人が回答していますが、男性の回答割合は0・3％にすぎません（木村他、2023年）。

ジェンダーと労働・家族を研究している跡部千慧さんたちは、この「全国教員調査」データを用いて「未就学の子をもつ教員」についての分析を行いました。分析結果は、このライフステージで教員の職業キャリアと家族生活がジェンダーによって分化していくことを示しています。**図2**は、未就学の子をもつ教員の校内の主任または主事の役割を男女それぞれについて示したものです。この調査で「未就学の子をもつ人」の年齢は、男女とも「31〜40歳」の層を中核としています。この年齢層は教員のキャリアのなかで、主事、主任など、学校全体を見渡す責任のある立場にたつようになっていく時期でもあります。**図2**を見ると、その時期に主任、主事役割を「担っていない」割合に大きな男女差（女性74・5

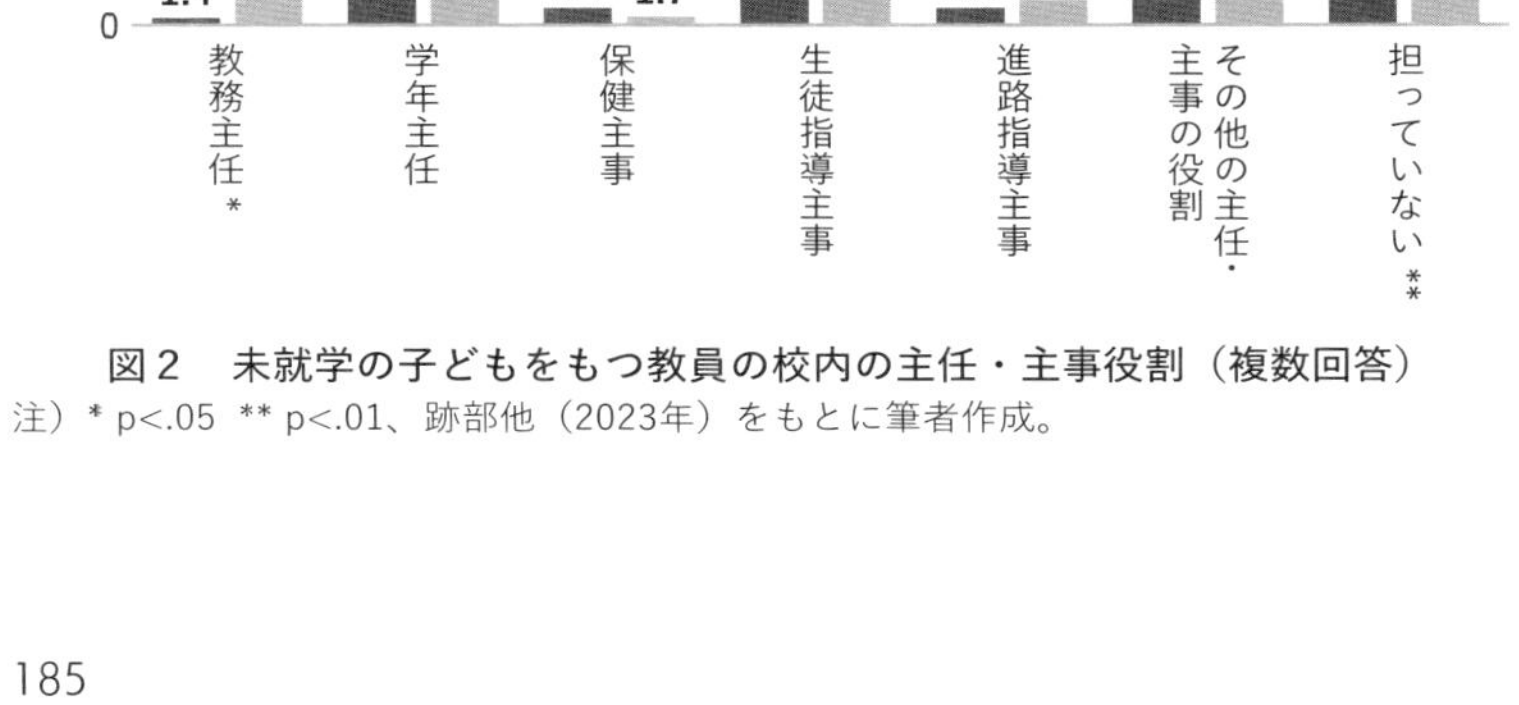

図2　未就学の子どもをもつ教員の校内の主任・主事役割（複数回答）

注）* p<.05 ** p<.01、跡部他（2023年）をもとに筆者作成。

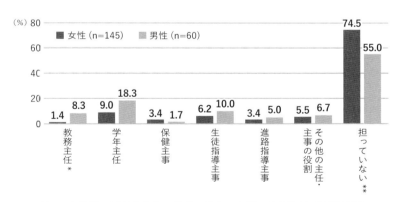

%、男性55・0％）が生じていることがわかります。この研究はまた、研修への参加に男女差があることを述べています。校内研修、研究授業、校外の自主的な勉強サークルにおいて統計的な差がみられ、女性教員より男性教員のほうが、参加率が高い傾向にあります。家族役割にも性別による違いがみられ、「家事・育児・介護などの自身の家庭の役割」を「9割から10割負担している」との回答は女性34・0％に対し、男性は1・5％、「6割から8割負担している」との回答は女性45・3％、男性4・5％と、大きな開きがあります。現在の仕事に対する認識について、未就学の子をもつ女性教員は、未就学の子をもつ男性教員よりも「毎日が忙しい」と感じているが、教職にやりがいを感じていることが指摘されています（跡部他、2023年）。

このように教員の仕事においてもペイド・ワークとアンペイド・ワークは密接に結びついており、妊娠・出産を境にして女性を離職に方向づけ、家事・育児などのアンペイド・ワークを女性が多く担い、男性は学校運営の中核的担い手としてのキャリアの階段を昇る、性別分化の構造を見てとることができます。

教員の仕事はどのような仕事か

次に、教員のペイド・ワークの特質について考えます。2で紹介した榊原さんは、共同研究も含め、教員の仕事を仕事内容や教員自身の意識に内在的に理解する試みを行っています。榊原さんたちの研究をジェンダー視点でみたとき、二つの点に注目されます。一つは、教員の仕事は「名もなき校務・名もなき業務」と捉えられる細々した事柄を含む、輻輳《ふくそう》的なものだということです。「名もなき校務・業務」は2017年に大和ハウス工業株式会社が行った家事に関する意識調査のなかで指摘された「名もなき家事」を応用した表現です。「トイレットペーパーがなくなったら買いに行く」など、家事と名づけられないことが多いが生活を成りたたせるために必要な細々とした事柄のように、教員の仕事にも、反故《ほご》紙の整理、生徒用トイレのつまりの改善、職員室の冷蔵庫の整理・掃除など、教員の専門業務ではないが、学校の生活を成りたたせるためにやらねばならない事柄が多くあります。教員の仕事は「名もなき校務・業務」も含め、同時並行的に複数の業務を行う輻輳的なもの、と捉えられています。さらに「名もなき家事」が家庭内でそれを多く担う女性にとってストレスになっているように、「名もなき校務・業務」が教員にとって大きなストレスになっていることが指摘されています（榊原他、2021年）。教員の働き方改革を考えるとき、「名もなき校務・業務」を誰が行う傾向があるか、雑多で輻輳的な仕事を行うことが、どのように教員に作用するのか、なども含めて考えていく必要があります。

二つ目は、教員の裁量と権力の関係に関することです。榊原さんは、授業の始まりと終わりの起立と挨拶、挙手と発言、席決めと席替え、生徒の呼称と教員の自称、給食や掃除の際の振る舞いにかかわる規律化など、学校での日常生活における行動様式が、学校組織にかかわる事項であるにもかかわらず、学校教育目標や活動の重点といった項目からこぼれ落ちやすく、こうした場面に教員の信念が滑り込むことを指摘します。教員が生徒に求める「ちゃんとした」振る舞いが、自身の価値観や信念を投影したものになりやすく、目指す学校像の実現のための学校経営という次元とは別のところで「学級王国」的な出来事が生じると榊原さんは論じています（榊原、2020年）。この二つ目の点も、一人の大人の力が強く働き、内外の人間関係でそれが修正されにくい時におこる権力作用という点で、私的領域である家族で起こることとの類似性があります。このような「学級王国」を生み出しやすい構造は、極端な場合はハラスメントとその隠蔽に結びつく危険性もあり、専門職の自律性、裁量性の次元とは切り分け、教員の仕事のあり方に関する課題の一つとして考えていく必要があると思います。

3 教員のペイド・ワーク／アンペイド・ワークを組み替える

3では、密接に関連し合う教員のペイド・ワークとアンペイド・ワークを組み替える可能性について、女性校長、男性家庭科教員、ワークシェアの三つの視点からみていきます。

女性校長の可能性

まず、女性が校長職につくことが教員文化を変える可能性に関して、教育社会学を専門とする佐藤智美さんの研究を紹介します（佐藤、2024年）。佐藤さんは、1950年代後半生まれの4人の現職小中学校女性校長を対象にライフヒストリー・インタビューを行い、成果主義的な「教育評価」や「新たな職」の導入などが展開される「教育改革」下におかれた女性校長の、「教育改革」への対応と困難や葛藤、リーダーシップやジェンダー平等について明らかにしています。

この研究によれば、女性校長たちは「教育改革」をめぐる教職員集団との葛藤、成果主義的な「教育評価」が教職員に及ぼす影響、行政権の強化と学校の自律性低下による学校現場の閉塞感などを困難と捉えています。これらの困難に対する女性校長の対応、リーダーシップには、二つの方向性がみられます。一つは男性との能力の同一性を示そうと「差別の無効化」をはかる努力をする方向です。女性校長は校長職のマイノリティでありアウトサイダーであるため、男性校長に負けまいという気負いや男性的な毅然とした態度が必要という負荷を抱えてしまいがちであると指摘されています。もう一つは、権威、管理、統率性などを重視する従来型の男性的リーダーシップに対して、「対抗的差異化」をはかる方向です。佐藤さんは女性校長の語りから、結果だけでなく過程も支援していくという支援的リーダーシップ、教職員をつねに励ます、気遣うという情緒面からの支えを重視するリーダーシップ、一人一人に応じた助言を心がけそれぞれの達成具合を見ていく個別対応的なリーダーシップ、共感力をもとに同僚性や協働性をつくり上げていく関係構築的なリーダーシップを読み取っています（佐藤、２０２４年）。

二つの対応のうち「対抗的差異化」は、アメリカのフェミニスト心理学者、キャロル・ギリガンの『もうひとつの声』の議論を想起させます。ギリガンは、従来の道徳的発達論は男児に典型的にみられる「正義の論理」を基準としているが、女児はそれとは異なる「世話の論理」にもとづいて道徳的判断をする傾向があるため、「正義の論理」を基準とした発達論では女児の発達は低く見積もられること、しかし「世話の論理」も「正義の論理」に劣らない発達の道筋をたどること、両者の統合によって人間としての成熟が達成されることを論じました（ギリガン、1986年）。近代的な性別役割分業構造のなかでケアを多く担う傾向のあった女性が校長になった時、男性的リーダーシップとは異なるリーダーシップが創発され、教師文化、学校文化を変える可能性があります。

男性家庭科教師の経験

男性教員がケアにかかわる経験については、男性家庭科教員の経験から考えます。家庭科は圧倒的に女性が多い、著しい性別不均衡がみられる教科です。家庭科は第二次世界大戦後、民主的な「家庭」のために男女ともに学ぶ教科として出発しましたが、高度経済成長期の産業振興政策のなか中学校の技術・家庭では家庭は女子向き、技術は男子向けと位置づけられ、高等学校では「女子のみ必修」の教科になりました。「男は仕事、女は家事・育児」の近代的性別役割分業を支える「主婦養成」教科として位置づけられた家庭科のあり方は、１９７０年代以降のジェンダー平等思潮のなか、とりわけ１９７５年の国際女性年以降、日本の教育制度における問題として見直しを必要とする議論が高まりました。１９８９年の学習指導要領改訂において、中学の技術・家庭、高校の家庭科が男女共修科目として位置づけられ、その後段階的に、小学校から高校まで男女ともに学ぶ教科になりました。

小高さほみさんはジェンダー研究の観点から、男女共修以前世代として育ち、男性家庭科教員の草分けとなった南野忠晴さんの軌跡をたどり、男性がケアにかかわることを通したアイデンティティ変容について論じています。1958年生まれの南野さんは大学卒業後、公立高校の英語科教諭になり、20代半ばで結婚し親になります。子育てにかかわる生活のなかで「自分は生活を知らない」こと、教員生活のなかでは「生徒に生活の知識がない」ことに気づき、家庭科の勉強をしたいと考えるようになります。1987年に、当時、男性が家庭科免許を取得できる限られた道である日本女子大学通信教育課程聴講生として学び、2年間で家庭科免許を取得した南野さんは、家庭一般1年生の1クラスを1年間教える機会を得ました。その後、1992年に「家庭科教員をめざす男の会」を旗揚げし、1993年に公立学校教員採用試験を再び受験して合格、高校家庭科男女必修履修が施行された1994年に採用され、家庭科教員としての道を歩むことになりました（小高、2006年）。南野さんは自著のなかで、「僕は家庭科を学んで、この教科なら生徒の悩みや暮らしに寄り添いながら、一緒に考えたり悩んだりできるのではないかと思うようになりました」（南野、2011年、viページ）と述べています。

男性家庭科教員の経験は、戦前の女子教育に端を発し、高度経済成長期の産業振興政策のなかで女子教科とされた家庭科のあり方は、男性の視点からみれば「生活からの排除」であったこと、男性が家庭科教員として入ることによって、女性領域とされてきた教育領域が新たな視点で捉えなおされ、学校教育のなかのジェンダー秩序を変容させる契機になることを示唆しています。

男女共修世代の男性家庭科教員は性別にこだわらずに職業を選択しており、今日では「男性家庭科教員」と、取りたてて言われることも少なくなってきました。しかし、家庭科教員免許を取得できる私立大学には女子大が多いという事情もあり、家庭科教員の性別は現在もなお、女性に大きく偏っています。養護教員、幼稚園教員など、女性に圧倒的に偏っていた分野における男性教員の経験とあわせ、そこで生起する力学や可能性について丁寧に見ていくことも、教員文化とジェンダーを考えるうえで重要なテーマです。

ワークをシェアする

三つ目は、教員のワークを分かちあう可能性です。そのひとつは、ペイド・ワーク、アンペイド・ワークの双方でジェンダー間の分ちあいを進める方向です。妊娠・出産を境に女性が離職に方向づけられ、家事・育児などのアンペイド・ワークを女性が多く担い、男性は学校運営の中核的担い手としてのキャリアの階段を昇る、性別分化の構造を変えていくためには、ペイド・ワーク、アンペイド・ワーク双方でのジェンダー間の分ちあいと、そのための条件整備が求められます。子どもからみた学校を性別によって固定化されない多様な大人のあり方を知ることができる場にするという観点からみても、二つのワークの分ちあいは有効だと思います。

二つ目は、教員の仕事の特質のうち、裁量性と権力の関係に関することです。先に紹介した榊原さんはこの点に関して、「教育に直接携わる教員同士が自分たちの学校に通う児童・生徒を、どのように共に見ることができるか」（榊原、２０００年、24ページ）を課題として提起しています。東京の麹町中学校で工藤勇一校長のリーダーシップのもと行われた、固定担任制をやめて学年の教員全員で全学年の生徒を見る学年担任制がとられた教育実践（工藤、２０１８年）は有名ですが、学年担任、複数教員担任、授業の複数教員担当など、教員の仕事におけるワークシェアの方向についても、議論と実践の積み重ねが必要です。このワークシェアの方向は、人生のなかで誰もが育児や介護などのケアや自分の病気などでペイド・ワークを調整する可能性があることを考えれば、上に述べた二つのワークのジェンダー間での分ちあいとも親和的だと考えられます。

このような組み換えのためには、一人ひとりの教員や一学校の取り組みに留まらず、教育行政の組織的な取り組みについても議論を重ねていく必要があります。従来型の男性教員のキャリアを基準にしない多様な教員キャリアの創造、誰もが常に育児や介護などのケアを担う可能性があることを前提にした人員配置、中途退職者のキャリア支援など、組織的に取り組むべき課題は多くあります。また、教員が二つのワーク以外のライフをも充実させることができる環境整備を考えることも必要です。本章を、学校の教員、教育行政に携わる方、学生、一市民など、それぞれの立ち位置で、議論と実践を深める手がかりにしていただければ幸いです。

【参考文献・資料】

・跡部千慧・木村育恵・河野銀子・田口久美子・池上徹・高野良子・井上いずみ「未就学の子をもつ教員のキャリア形成に関するジェンダー分析―全国教員調査をもとにして」『立教大学ジェンダーフォーラム年報』第25号、2023年、23〜32ページ。
・飯島絵理「女性校長はなぜ少ないのか、少ないことはなぜ問題か―学校教員の男女格差の現状と子供のまなざし」『ＮＷＥＣ実践研究』10号、国立女性教育会館、２０２０年、２０４～２２３ページ。
・小高さほみ「男性が家庭科教員になることに伴うアイデンティティの変容―ジェンダーバリアの顕在化に着目して―」『ジェンダー研究』第９号、２００６年、１０５～１２８ページ。
・木村育恵・池上徹・高野良子・河野銀子・田口久美子・跡部千慧・村上郷子・井上いずみ「教員の働き方とキャリア形成に関するジェンダー分析～全国教員調査をもとにして～」『山形大学　教職・教育実践研究』18号、２０２３年、23～30ページ。
・ギリガン，C.、　岩男寿美子監訳『もうひとつの声―男女の道徳性のちがいとアイデンティティ』川島書店、１９８６年。
・工藤勇一『学校の「当たり前」をやめた。―生徒も教師も変わる―　公立名門中学校長の改革』時事通信社、２０１８年。
・榊原禎宏「学校経営論と『教職の専門性』論のもつれをほぐす―『同僚性』論から『チーム教育』論へ―」『日本教育経営学会紀要』第62号、２０２０年、17～27ページ。
・榊原禎宏・孫瑩「教員の離職に関する量的研究―１９７６年度京都市立小学校に新規採用された教員の追跡―」『京都教育大学紀要』No.141、２０２２年、15～28ページ。
・榊原禎宏・森脇正博・西村府子・土肥いつき「なぜ教員の仕事をうまくつかまえられないのか―当事者が語る学校における業務とその理解―」『教職キャリア高度化センター教育実践研究紀要』第３号、２０２１年、１～10ページ。
・佐藤智美「〈教育改革〉下における女性校長の学校経営：困難・葛藤、リーダーシップ、ジェンダー平等」『大阪大学大学院人間科学研究科紀要』50、２０２４年、69～87ページ。
・南野忠晴『正しいパンツのたたみ方―新しい家庭科勉強法』岩波ジュニア新書、２０１１年。
・Miranda,V.〝*Cooking, Caring and Volunteering: Unpaid Work Around the World*〟OECD Social, Employment and Migration Working Papers〟No.116〟2011（https://dx.doi.org/10.1787/5kghrjm8s142-en〟２０２４年11月１日）.

コラム 7

女性の教職離れ

内田　良

文部科学省発表によると、2023年度採用の教員採用試験において、受験者数は2013年度の18万902人から減少が続き、2023年度にはその約３分の２相当の12万1132人まで、大幅に減少している。

この受験者数の変動は、性別で傾向が異なる。受験者数のデータを過去にさかのぼって、1991年度採用以降の傾向を男女別に描いた（図）。総じて、男性の受験者数は増加しており、2008年度に男性が女性を上回っている。一方で、女性は全体として減少傾向にあり、2012年度からはそれが加速している。「女性の教職離れ」が起きている。

これは、女性の活躍の舞台が、学校外に増えてきただけのことかもしれない。ただし、1995年度には女性の受験者は全体の63.0％を占めていたが、2008年度には49.4％と半数を切り、2019年度には41.2％まで下落している。教職志向は「平等化」ではなく、「男性化」している。その背景までは上記データからは読み取れないが、学校がだれにとっても働きやすい職場として再構築されねばならないことはたしかだ。

ところで、図では2020年度以降の数値を記載していない。じつは2020年度採用の時点から、都市部を中心に性別を把握しない自治体があらわれはじめ、その数は年を追うごとに増加している。もはや全国のジェンダー別の傾向を描くことは、困難である。女性の教職離れが進むなか、それを実証する術がなくなっている。女性の教職離れは、統計上の危機に直面している。

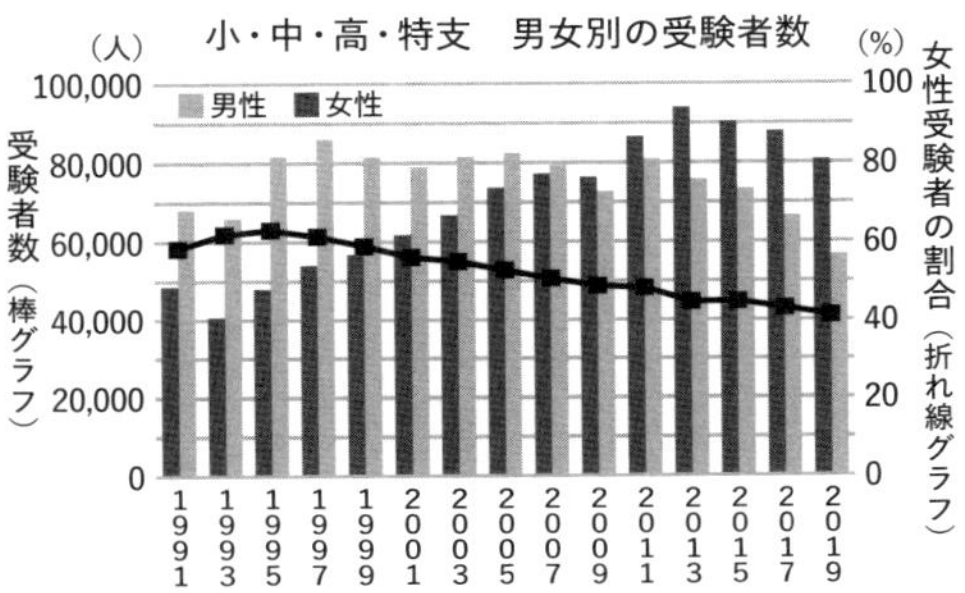

おわりに

　ここ半年間ほど、執筆者の思いに圧倒されながらの編集作業でした。本書に集められた原稿は学校におけるジェンダーやセクシュアリティに関するトピックスを中心に、最新の学説や学生の意見を引用するもの、統計データを用いて解説するもの、歴史的経緯を振り返るもの等と多岐にわたっています。共通する特徴は、学生や知人の声、現場でのエピソード、映画やドラマ視聴からといった個人的体験が多く語られていることではないでしょうか。"The personal is political（個人的なことは政治的なこと）"という言葉が、最近の学園ドラマで話題となっています。このフェミニズムに由来する言葉を教員や生徒が使用しているということは、それだけジェンダーやセクシュアリティの問題が社会に浸透して、議論する土壌が耕されてきたことを感じます。

　今回の執筆陣には、ご多忙のところ、短期間で貴重な原稿をお寄せいただき感謝申し上げます。現在進行形の思いを形にしようとする文章も見受けられ、読み物としてどのようにまとめるのか、編集者間でも真剣勝負の議論がなされました。私自身も原稿の内容までも踏み込んだコメントをいただき、当たり前のようになじんでいる感覚や表現について再確認してアップデートするよい機会となりました。ジェンダーやハラスメントのテーマに関しては毎日、バッシングのような報道も多く、「不寛容の空気」が広がっているようです。異なる意見についてもいったん「他者の靴を履く」ことで、相手の身に置き換えてみると相互理解が進むのではないかと考えます。

本書は編者である山根先生の、愛知教育大学の教員としての最終年度に編集されました。学内の若手職員の集いで、山根先生が「次の世代が育っているようで嬉しいです」と述べられたことがありました。それを聞いて、発達心理学者エリクソンの「世代性（生殖性）」の概念に当てはまると感じたものです。成人期の主たる発達課題である「世代性」は、「次世代を支え育み、次世代に対して責任をもつことに積極的に関わっていくこと」です。後日、先生の修士課程の研究テーマがエリクソンであったと知り、納得しました。

この超少子高齢化社会において、多くの領域で「次世代育成」が課題となっています。本書にはその世代性を達成するための手がかりがあると思います。若者世代はセクシュアリティの問題には関心が高い一方で、ジェンダーの問題には関心を持ちにくいとのデータが示されています。より年長の世代では、これらの問題全般に関心が低いことが指摘されます。本書から得られた気づきによって、多世代をつなぐことができれば幸いです。そう思うと、若者世代に語りかけることのできる立場は恵まれているのかもしれません。

この挑戦的な本が読者の皆さまにどのように受け止められるのかを考えつつ、30年後にはごく「あたりまえ」になっていることを心から願っています。

末筆になりますが、かなり厳しい出版の状況のなか、本書の企画を進めていただき、刊行に向けてご尽力いただいた学事出版株式会社の二井豪さんに、心よりお礼申し上げます。

2025年3月

「さよーならまたいつか！」を聴きながら

高橋　靖子

執筆者一覧

第１章	中村奈津子	愛知教育大学非常勤講師／ 特定非営利活動法人参画プラネット常任理事
第２章	藤原　直子	椙山女学園大学人間関係学部教授
第３章・コラム３	水野　　礼	愛知教育大学非常勤講師
第４章	虎岩　朋加	椙山女学園大学人間関係学部教授
第５章	渡辺　大輔	埼玉大学ダイバーシティ推進センター准教授
第６章	村松愛梨奈	愛知教育大学保健体育講座助教
	髙嶋　香苗	愛知教育大学保健体育講座助教
第７章	來田　享子	中京大学スポーツ科学部教授
第８章	嶺崎　寛子	成蹊大学文学部教授
第９章	高橋　靖子	編者
第10章	山根　真理	編者
コラム１	福田　泰久	愛知教育大学外国語教育講座講師
コラム２	常木　静河	愛知教育大学理科教育講座准教授
コラム４	松岡　成子	特定非営利活動法人ASTA共同代表理事
コラム５	磯部　　香	高知大学教育研究部准教授
コラム６	瀬地山葉矢	日本福祉大学教育・心理学部准教授
コラム７	内田　　良	名古屋大学大学院教育発達科学研究科教授

編著者

山根　真理（やまね・まり）

愛知教育大学家政教育講座特別教授

兵庫県生まれ。大阪市立大学生活科学研究科後期博士課程単位取得退学。

1991年、兵庫県家庭問題研究所主任研究員、1992年、愛知教育大学教育学部助手、1995年から同助教授を経て、2006年より同教授。2023年より現職。

専門は家族社会学、ジェンダー研究。主な著書に『ネットワークとしての家族』（共編著、ミネルヴァ書房）、『アジアの家族とジェンダー』（共編著、勁草書房）、『現代家族を読み解く12章』（共編著、丸善出版）。

高橋　靖子（たかはし・やすこ）

愛知教育大学心理講座教授

名古屋市生まれ。名古屋大学大学院教育学研究科博士後期課程単位取得退学。博士（心理学）。

2005年、信州大学健康安全センターカウンセラー、2007年、上越教育大学大学院学校教育研究科助教、2015年、愛知教育大学教育学部講師。2022年より現職。

専門は臨床心理学。主な著書に『心理臨床における多職種との連携と協働』（共著、岩崎学術出版社）、『学校支援のための多視点マップ始め方・使い方』（共著、遠見書房）。

学校とジェンダー
――「ふつう」って何？

2025年３月31日　初版第１刷発行

編 著 者　山根　真理・高橋　靖子
発 行 人　鈴木　宣昭
発 行 所　学事出版株式会社
〒101-0051　東京都千代田区神田神保町１-２-５
☎ 03-3518-9655
HPアドレス　https://www.gakuji.co.jp
編集担当　二井　豪
デザイン　松井　里美（研友社印刷デザインルーム）
印刷・製本　研友社印刷株式会社

ISBN 978-4-7619-3059-2　C3037　　Printed in Japan